Texte détérioré — reliure défectueuse

NF Z 43-120-11

Y. 6230.
J. n. 2.

Y 683

RÉPERTOIRE

DES

THÉATRES ÉTRANGERS.

TOME 54.

THÉATRE ITALIEN.

TOME II.

ŒUVRES

DRAMATIQUES

D'ALFIERI,

TRADUITES DE L'ITALIEN.

TOME II.

PARIS,
A LA LIBRAIRIE DE BRISSOT-THIVARS,
RUE CHABANNAIS, n° 2.

1822.

Au

Noble Pascal Paoli,

Défenseur magnanime des Corses.

Écrire une tragédie de liberté, dans la langue d'un peuple qui n'est pas libre, paraîtra peut-être avec raison, une pure extravagance, à ceux qui ne voient que les choses présentes. Mais un jugement moins aventuré sera porté par quiconque trouve dans les révolutions perpétuelles du passé, des argumens pour l'avenir.

Je vous dédie donc cette tragédie, comme à un de ces hommes rares, qui, ayant une juste idée d'autres temps, d'autres peuples, d'autres sentimens, auriez mérité de vivre dans un siècle moins corrompu que le nôtre. Mais, comme il n'a certainement pas tenu à vous que votre patrie ne recouvrât sa liberté, moi, qui différent du vulgaire, ne juge pas les hommes par leur fortune, mais par leurs œuvres, je vous estime pleinement digne d'entendre *Timoléon*, et capable, à tous égards, de le comprendre et de l'apprécier.

Paris, 20 septembre 1788.

Victor ALFIERI.

TIMOLÉON,

TRAGÉDIE EN CINQ ACTES,

TRADUITE EN FRANÇAIS,

PAR M. ALPHONSE TROGNON.

PERSONNAGES.

TIMOLÉON.
TIMOPHANE.
DEMARISTE.
ESCHYLE.
Suite de Timophane.

La Scène est dans la maison de Timophane, à Corinthe.

TIMOLÉON.

ACTE PREMIER.

SCÈNE PREMIERE.

TIMOPHANE, ESCHYLE.

TIMOPHANE.

Non, Eschyle, si mon épée est teinte de sang, ne crois pas que des vues ambitieuses m'entraînent à user de la force : ce qui m'y détermine, c'est le bien de tous et la gloire de Corinthe, qui m'a confié sa puissance.

ESCHYLE.

Le ciel sait si je t'aime ; dès nos premières années, nous avions serré les nœuds d'une amitié constante, auxquels se joignirent ensuite d'autres nœuds plus saints : ceux du sang. Je n'ai pas vu luire de plus beau jour que celui où je te donnai pour épouse ma sœur chérie, mon unique sœur. Outre l'amour que j'avais pour toi, tu as fait naître en moi une forte admiration, lorsque combattant à tes côtés, je fus témoin de la valeur extraordinaire que tu déployas contre Pléon et Argode. Tu ne peux pas, tu ne dois pas rester un citoyen obscur : mais je te vois faire tomber les plus illustres têtes de Corinthe, et en recueillir l'odieux nom de tyran. Je ne te regarde pas encore comme tel, mais à l'entendre dire, je suis pénétré de la plus vive douleur.

TIMOPHANE

Ai-je moins à souffrir d'être contraint d'agir ainsi? Cependant, si pour raffermir la paix au sein de notre cité, de tels moyens sont nécessaires, puis-je ne pas les employer? Mes concitoyens, eux-mêmes, ont arrêté que quatre cent glaives ne recevraient d'ordres que de moi. J'ai fait tomber, il est vrai, des têtes illustres, mais coupables, et justement dues à la vengeance publique; il reste encore assez de la race perfide de ces êtres, qui, dès-longtemps, accoutumés à trafiquer de leurs personnes, de leur patrie et de leurs suffrages, murmurent sans cesse contre moi. Mon pouvoir est un trop grand obstacle à leurs pratiques infidèles; de là, tout leur courroux, leurs clameurs et leurs plaintes.

ACTE I, SCÈNE I.

ESCHYLE.

La confusion, la discorde, l'esprit de parti et les prétentions des grands, nous ont entraînés sur le bord de l'abîme, il est vrai. J'aurais peut-être quelque peine à dire quelle forme de gouvernement nous convient le mieux ; mais je dis, et tous les Corinthiens le disent avec moi, que nous ne souffrirons jamais, non jamais, une forme de gouvernement qui ne soit vraiment libre. Quant à tes moyens de raffermir la paix intérieure, je les approuverais davantage, s'ils coûtaient moins de sang.

TIMOPHANE.

C'est pour en épargner qu'on en verse quelquefois. Si je ne coupe pas les membres déjà gangrénés d'un corps malade, pourrai-je guérir les autres? J'ai déjà, en partie, délivré l'état de ses magistrats les plus corrompus : il est temps d'aller à la source d'un si grand mal, et de secourir plus efficacement la république chancelante, en faisant de bonnes loix. Si l'on appelle tyran celui qui renouvelle les lois, je suis tyran ; mais si ce nom appartient à celui qui les foule aux pieds, certes je ne le suis pas. Tout ce que je fais est l'exécution de la volonté du plus grand nombre : le petit nombre s'en plaint, que m'importe ?

ESCHYLE.

Sera-ce un petit nombre, si tu y comptes ton frère Timoléon, cet homme juste, qui n'a pas son égal? Il t'aime plus que lui-même, et cependant il blâme hautement ta conduite. Je veux croire que ton but est saint; mais quelquefois, trop impétueux, ne pourrais-tu pas, même à bonne intention, employer des moyens trop violens? Exercer le pouvoir suprême, quelqu'en soit l'usage, crois-moi, Timophane, c'est toujours s'exposer à de graves dangers; et le plus terrible, selon moi, c'est d'avoir la puissance de faire le mal, grand encouragement à le faire.

TIMOPHANE.

Tu parles sagement; mais si une bouillante ardeur ne pousse pas l'homme dans les difficiles entreprises, assurément ce n'est pas la sagesse qui peut l'y pousser. A Sparte, vois Lycurgue, qui voulait soumettre sa royauté au bien public : pour anéantir la tyrannie, ne fut-il pas obligé, avant tout, de se faire tyran? Ah ! la force peut seule contraindre au bien l'homme corrompu.

ESCHYLE.

Tu as la force; veuille le ciel qu'ici tu ne

t'emploies jamais qu'à une fin pure et vertueuse !

SCÈNE II.

DÉMARISTE, TIMOPHANE, ESCHYLE.

DÉMARISTE.

Mon fils, on parle diversement de toi dans Corinthe. L'idée d'être ta mère flatte délicieusement mon cœur. Tu as été autrefois l'héroïque défenseur de la patrie ; mais en même temps, je souffre de ce qu'on te suppose des vues personnelles contraires au bien public : je souffre de penser qu'il puisse y avoir dans Corinthe un seul homme qui te haïsse, même à tort. Je ne suis que trop inquiète de ton avenir.

TIMOPHANE.

O ma mère, tu m'aimerais moins, si tu craignais moins. Je cours à une gloire périlleuse ; mais telle est la différence de nos devoirs ; femme, tu dois craindre, et moi je dois entreprendre.

DÉMARISTE.

J'aime à voir en toi cette audacieuse fierté guerrière ; je ne me considère pas comme une simple citoyenne ; et je suis mère de deux héros, dont un seul serait plus que suffisant pour m'élever au-dessus de toutes les mères de la Grèce. Je ne désire qu'une chose, c'est de voir Timoléon à tes côtés, faire agir sa prudence de concert avec ta valeur.

TIMOPHANE.

Peut-être jusqu'ici, Timoléon, au fond de son cœur, ne diffère pas de moi; mais il refuse de s'exposer à cette haine passagère qui s'attache toujours aux innovations; et pour le présent il me laisse seul parcourir une carrière périlleuse.

ESCHYLE.

Tu te trompes; je te l'ai déjà dit, il n'approuve pas ta conduite; s'il le faisait, tu aurais beaucoup moins d'ennemis.

DÉMARISTE.

Tu as raison, Eschyle, et je venais le lui dire. Timoléon ne te cède que par les années, mon fils; pourquoi dédaigner de l'associer à toutes tes entreprises? Sa douceur est bien faite pour tempérer ta bouillante ardeur. Je vois déjà les regards accusateurs des mères privées de leurs enfans, des orphelins, des veuves plaintives, se tourner contre moi, contre moi, la cause de leur juste douleur. Beaucoup ont reçu de toi la mort : si tu les fis périr justement, pourquoi ton frère te blâme-t-il? Si c'est à tort, pourquoi le fis-tu? Ce n'est pas le plus de force qui doit nous donner ici le premier rang, c'est le plus de vertus. Que l'on pleure sur les traces terribles de mes fils, je le veux, mais que ce soient les ennemis, sur le champ de bataille : que vos concitoyens, au contraire, suivent avec allégresse vos pas adorés ; et qu'on m'entende bénir d'être votre mère.

TIMOPHANE.

Nous nous sommes donnés le premier rang sur le champ de bataille, où la valeur seule peut le donner. Dans les murs oisifs d'une cité divisée, l'envie, armée de calomnies et de mensonges, refuse le premier rang à qui il appartient. Pour étouffer ce serpent toujours mortellement dangereux, il est de toute nécessité qu'une courte souffrance précède un bonheur plus durable ; et celui même qui réussit à le faire, ne recueille qu'une gloire mêlée d'amertume. Quant à mon frère, je suis affligé de voir qu'il me porte moins d'amour, à mesure que j'acquiers plus de gloire.

DÉMARISTE.

Lui, nourrir la pensée d'une basse envie?

TIMOPHANE.

Je ne le crois pas : cependant...

ESCHYLE.

Cependant, tu ne peux consommer aucune grande entreprise, s'il ne te seconde puissamment de sa prudence et de son bras.

TIMOPHANE.

Qui l'empêche de le faire ? mille fois je l'en ai prié ; mais toujours il s'y est refusé. Qu'il me seconde, je ne m'y oppose pas ; mais qu'il me traverse, je ne le souffrirai point.

DÉMARISTE.

Et moi souffrirai-je que tu coures un danger qu'il ne partage avec toi, que tu cueilles une palme qui ne soit aussi la sienne ? Eschyle, de grâce, va le trouver, entraîne-le dans cette demeure que depuis long-temps il ne considère plus comme celle de son frère et de sa mère. Nous le convaincrons, ou il nous convaincra ; mais qu'aujourd'hui, une seule pensée, un seul bien, une seule volonté, soient la règle de Démariste et de ses fils.

SCÈNE III.

DÉMARISTE, TIMOPHANE.

TIMOPHANE.

Peut-être se rendra-t-il à tes prières : depuis long-temps il est sourd à mes instances répétées : il me fuit comme un ennemi. Tu entendras avec quelle malice il s'attache à noircir tous mes desseins.

DÉMARISTE.

Timoléon fut toujours la vertu vivante : je ne le loue pas devant toi pour te faire rougir : une mère peut louer un fils devant l'autre. Il est nécessaire de savoir pourquoi il te fuit. Il t'aime, et tu le sais bien. Souvent sa sagesse prématurée a tempéré les excès de ta jeunesse trop fougueuse; c'est lui qui t'a fait élire chef de la cavalerie de Corinthe; et tu te rappelles sans doute cette fatale journée, où ton aveugle valeur t'avait engagé trop loin avec ta suite, et précipité au milieu des lances argiennes. Qui, dans ce moment terrible, t'a soustrait à une perte certaine»? Affrontant les plus terribles dangers, n'est-ce pas lui, lui seul qui a conservé à tes guerriers l'honneur, à Corinthe la victoire, à toi la vie.

TIMOPHANE.

Ma mère, je ne suis pas ingrat; je me rappelle tout cela. Oui, ma vie lui appartient, et je la conserve pour lui. J'aime mon frère autant que la gloire: j'affronte seul de grands dangers; il pourra ensuite en partager avec moi les doux fruits au sein de la paix, si toutefois il le veut. Mais que dis-je? depuis bien long-temps, il n'est plus le même pour moi. Mes plus mortels ennemis sont ses amis les plus chers. Cet ambitieux Archidas, ce juge inique, qui maintenant gouverne à sa volonté, le reste impur de nos magistrats; lui qui, plein d'envie et de colère, va publiant partout que je mérite la mort; il est le compagnon inséparable, la règle, le guide de mon frère. Pourquoi le cruel me sauva-t-il la vie, s'il cherche à me ravir ensuite une chose bien plus précieuse, l'honneur?

DÉMARISTE.

Cesse de croire qu'il agisse avec malice ou inconsidérément. Entendons-le d'abord.

TIMOPHANE.

Ma mère, nous l'entendrons. Ah! puisses-tu, dans ce jour, n'avoir pas sujet de me considérer comme un ingrat, ou de croire Timoléon mauvais frère. Sais-tu bien qu'il veut me ravir le pouvoir qu'il m'a fait obtenir, et qu'il le dit hautement ?

DÉMARISTE.

Il sera beaucoup mieux qu'il le partage avec toi : une égale valeur est en vous; souffre que je le dise : une plus grande prudence est en lui. Que ne ferez-vous pas unis ? Et quel gouvernement égalera le vôtre ? et quelle mère sera plus fortunée que moi, si je vous vois brillans d'une même gloire Et d'une même puissance, frères, héros, les premiers de Corinthe, et unis par l'amitié.

TIMOPHANE.

Ma mère, je te le jure, il ne tiendra pas à moi qu'il en soit ainsi.

FIN DU PREMIER ACTE.

ACTE II.

SCÈNE PREMIÈRE.

TIMOPHANE, ESCHYLE.

ESCHYLE.

Timoléon me suit : il refusait de se rendre à tes seules prières et aux miennes : il ne s'est laissé vaincre que par les instances de sa mère.

TIMOPHANE.

Je le sais bien : parmi tant de vertus il ne compte pas un cœur flexible. Mais si des sentimens droits, unis à une conduite droite, triomphent, ce sera aujourd'hui que sa rigueur se rendra à mes raisons, aujourd'hui ou jamais.

ESCHYLE.

La vérité me semble habiter chez celui de vous deux que j'entends le dernier : cependant la vérité est une. Lié à toi par l'amitié et le sang, à lui par le respect et l'amitié, je voudrais cependant une position où je pusse montrer à tous deux l'étendue de mon affection. Ah! cessez d'être désunis: et je mets à votre discrétion, ma personne, mes biens, mon cœur, ma volonté et mon épée. De grâce, ne les dédaignez pas.

TIMOPHANE.

Je te connais bien, mon cher Eschyle.... mais je vois venir Timoléon. Laisse-moi avec lui, je veux l'entretenir à loisir; peut-être qu'étant seuls, il me découvrira davantage ses sentimens.

SCÈNE II.

TIMOLÉON, TIMOPHANE.

TIMOPHANE.

Mon frère, je te revois enfin, ici, dans cette demeure, la tienne, bien que depuis long-temps désertée par toi. Je gémis de ce que les seuls ordres de notre mère, et non ta propre volonté te ramènent aujourd'hui auprès de ton frère.

TIMOLÉON.

Timophane....

TIMOPHANE.

Qu'entends-je? tu ne m'appelles plus ton frère? rougirais-tu de me donner ce nom?

TIMOLÉON.

Nous sommes fils d'une même patrie, d'un même sang, d'une même mère : j'ai toujours été ton frère jusqu'à présent ; mais toi, tu ne m'en as donné que le nom de frère.

TIMOPHANE.

Ah! quel reproche injuste et amer tu me fais?... Chez lequel de nous deux la colère a-t-elle éclaté d'abord? Et que dis-je? Toi seul es irrité contre moi. Toi seul m'as fui ; le premier tu as porté tes pas hors de la maison maternelle : pour te retenir, n'employai-je pas les prières, les supplications et les larmes. Mais tu as mieux aimé prêter l'oreille à d'injustes calomnies qu'à la voix de ton frère. A ta colère, je n'ai point opposé la colère ; je n'y ai répondu que par la douceur, l'amitié et la raison, mais toujours vainement... Vois à présent quelle estime j'ai pour toi : tu m'abandonnas au sein de la prospérité : cela me fit concevoir l'espérance ou plutôt la certitude que je t'aurais pour soutien dans l'adversité : cependant je conservai toujours la confiance de te fléchir et de te faire partager mon heureuse situation...

TIMOLÉON.

Heureuse? Oh! que dis-tu? Ah! depuis que je ne t'ai vu, avec quelle rapidité tu as parcouru, au-delà de toutes les bornes, la carrière qui te séparait de la royauté, jadis l'objet de tes mépris. Répandre le sang chaque jour, une heureuse situation !

TIMOPHANE.

Mais toi-même dont la vie fut toujours éclatante de justice et de vérité, ne m'as-tu pas confié le glaive de la justice ? Ne m'as-tu pas, toi-même, fait obtenir ce pouvoir que j'exerce, pour récompense de mes services? Par quelle cruelle fatalité, veut-on toujours appeler tyrannie l'effusion du sang, quand elle est l'œuvre d'un seul homme, et l'appeler justice quand elle est l'œuvre de plusieurs?

TIMOLÉON.

Ecoute-moi : élevés ensemble, nous nous connaissons l'un l'autre. L'ambition démesurée qui te défend d'obéir, jointe à une âme des plus ardentes, te prive de la faculté de commander avec modération. Tel tu fus toujours, dans ton intérieur, dans Corinthe et dans les camps.

TIMOPHANE.

Me reprocherais-tu maintenant le don que ta sage valeur me fit sur le champ de bataille, de la victoire et de la vie?

TIMOLÉON.

Ce don ne fut pas un bienfait, il fut un

devoir; et dans cette occasion la fortune m'a servi. Ne fais pas maintenant que j'aie à m'en repentir. Je n'ai jamais vu un guerrier plus ardent que toi : jamais Corinthe n'eut un capitaine plus valeureux. Mais lorsque ensuite on crut que c'était le meilleur remède aux discordes civiles (et c'était le pire de tous les maux) d'avoir des soldats en armes, et d'élever sur eux un chef perpétuel; si tu as été choisi pour ce périlleux honneur, si le pouvoir militaire uni au pouvoir civil est tombé entre tes mains, ne m'en imputes pas la faute. Je reconnus qu'il y aurait trop de honte à moi de me défier plus de mon frère, que tout autre ne l'aurait fait d'un concitoyen; mais, je te l'avoue, dès ce jour, je tremblai pour toi, et davantage pour la patrie. Jamais l'envie n'entra dans mon cœur, non jamais; seulement j'ai gémi de ton élévation.

TIMOPHANE.

Mon élévation? Eh quoi? n'était-ce pas aussi la tienne? N'aurais-tu pas été mon conseil, mon âme, mon guide, si tu l'eusses voulu. Faisant agir, moi l'audace, toi la prudence, que te restait-il à craindre?

TIMOLÉON.

Que tu te regardes comme mon frère

ou comme mon maître, toute espèce de flatterie te réussira mal avec moi. Mais que dis-tu, n'as-tu pas été sourd à mes paroles, depuis le jour fatal où tu fus élevé à ce pouvoir nouveau et insolite? Notre maison entourée de gardes, ton affectation de ne sortir qu'avec la pompe de la royauté; tous les visages portant l'empreinte d'une indignation mêlée de crainte : le seuil de cette demeure qui n'est plus la mienne, assiégé par de vils adulateurs : toute entrée fermée à la vérité exilée : d'infâmes délateurs altérés d'or et de sang, s'y présentant audacieusement en foule, une race mercenaire, des satellites, des pleurs, des armes, des imprécations, le silence et la terreur.... n'ai-je pas vu tout cela?... Et malheureusement ne le vois-je pas encore? Cet affreux appareil pouvait-il jamais être mon cortége? Je sortis de ces lieux qui ne pouvaient plus être la demeure d'un bon citoyen; emportant dans mon cœur moins de courroux que de pitié, pour ton erreur et ton orgueil insensé. Long-temps, je pris à tâche d'excuser tant de fautes répétées ; les grands, le peuple, m'entendaient souvent affirmer que tu ne voulais pas te faire tyran. Malheureux que je suis! pour toi je me suis avili, pour toi je suis descendu à mentir, pour toi j'ai presque trahi la patrie ; car je connaissais le fond de ton cœur. Je l'ai fait, ingrat, pour te soustraire au péril qui t'entourait, et me soustraire à tant de honte ; non pour te frayer le chemin du pouvoir, mais pour te ménager celui du repentir.

TIMOPHANE.

Et c'est pour cela, qu'oubliant Timophane, tu as choisi de nouveaux frères parmi mes ennemis les plus déclarés, les plus acharnés.

TIMOLÉON.

J'ai choisi en eux le peu d'amis qu'il reste à la patrie. Ce n'est point par haine pour toi, que je me suis lié avec eux, mais par amour pour la patrie ; et peut-être pour suspendre, (puisque tu ne fais rien pour la détourner) cette vengeance juste et sublime, que tout bon citoyen ne peut refuser à sa patrie opprimée. Je ne voulus pas réprimer en toi les premiers élans de la tyrannie ; combien j'eus tort : afin de t'épargner la honte qui t'était justement réservée, je te laissai répandre le sang innocent, ou même coupable, que tu répandis sans qu'aucune loi t'y autorisât. Je t'aimai trop, je fus trop ton frère, plus qu'il n'était permis à un citoyen. Je me flattai que la haine, le misérable soupçon, la lâche terreur, qui ne manquent jamais d'assiéger le cœur inquiet de celui qui ose se faire tyran, déchirant impitoyablement le tien, ce serait pour toi un assez grand châtiment, et en même-temps un encouragement au repentir.... J'espérai tout cela, je l'espère encore. Oui, mon frère, et je te le demande ; vois-moi (spectacle inusité), vois-moi, répandre des larmes d'une douleur vraiment fraternelle, vraiment patriotique. Ecoute la voix suppliante d'un homme qui n'a jamais tremblé pour lui-même. Le jour est enfin venu, où tu as atteint le point qui sépare le citoyen du tyran, il te faut, ou revenir sur tes pas, ou cesser pour jamais d'être mon frère.

TIMOPHANE.

Archidas parle par ta bouche : je ne reconnais que trop ses sentimens !

SCÈNE III.

DÉMARISTE, TIMOLÉON, TIMOPHANE.

TIMOPHANE.

Viens, ma mère, viens; aide-moi à fléchir le cœur de mon frère.

TIMOLÉON.

Oui, viens, ma mère, aide-moi à recouvrer un véritable frère.

3*

DÉMARISTE.

Vous vous aimez l'un l'autre ; pourquoi donc troubler votre amitié.

TIMOPHANE.

Sa vertu trop austère n'est pas de nos temps....

TIMOLÉON.

Il est vrai, son ambition démesurée est digne de nos temps ; mais elle est indigne de celui qui naquit mon frère.

DÉMARISTE.

Eh quoi ! Sa puissance, qu'il n'a pas usurpée, pourrait-elle t'affliger ? voudrais-tu que celui qui a sauvé la patrie, marchât sans distinction, au milieu de la vile populace ?

TIMOLÉON.

Qu'entends-je ? O souffle pestilentiel du pouvoir souverain ! combien rapidement tu infectes tout mortel qui ne se forme pas un rempart de sentimens élevés ! avec quelle promptitude le perfide désir de l'empire absolu s'enracine dans tous les cœurs !... Se peut-il, ma mère, qu'il ait aussi accès dans le tien ? Citoyenne, tu nous donnas le jour à nous qui sommes frères et citoyens : tu étais loin de mépriser alors le nom de citoyenne : nés dans une patrie digne de ce nom, c'est ici que tu nous élevas pour elle : et dans cette même enceinte, je t'entends tenir un langage qui serait tout au plus bien placé dans la bouche stupide d'une reine despotique de l'Orient.

TIMOPHANE.

Ma mère, tu le vois : tout est mal interprété par lui ; tu entends comme un zèle trompeur, inconsidéré, le rend sourd au cri de la nature.

DÉMARISTE.

Mais combien de fois ne t'ai-je pas entendu moi-même charger de blâme cette cité, ses mœurs corrompues, ses magistrats vendus?..

TIMOLÉON.

Et dis-moi, m'as-tu jamais entendu préférer à des magistrats iniques, des soldats mercénaires et un maître absolu? pour votre honneur comme pour le mien, je veux encore, ma mère, te supposer innocente : et toi, mon frère, moins criminel qu'impétueux ; mais ne vois-tu pas où peut t'entraîner ta conduite imprudente? vois donc en moi un flambeau qui éclaire les ténèbres qui t'enveloppent. Tu en as encore le temps. Il te reste à faire un retour glorieux, sublime, digne en tout d'un grand citoyen, une action héroïque.

TIMOLÉON.

TIMOPHANE.
Et quelle est-elle ?

DÉMARISTE.
Certes, ce ne peut être qu'une action magnanime, si elle a été conçue dans ton noble cœur. Parle, fais la lui connaître.

TIMOLÉON.
Renonce volontairement et sans réserve à ton pouvoir, que tu as rendu criminel par l'abus que tu en as fait.

TIMOPHANE.
Je m'en démets entre tes mains, si tu le veux pour toi.

TIMOLÉON.
A qui l'as-tu enlevé. parle. Est-ce à ton frère, ou à tes concitoyens? Rends à la patrie ce qui lui appartient, et ne me crois jamais capable d'une bassesse. Si un autre que toi s'en était saisi, depuis long-temps il en serait privé. Pense, que jusqu'à présent j'ai toujours agi ouvertement avec toi....

TIMOPHANE.
Je pense que le plus grand nombre a seul le droit de m'enlever un pouvoir que m'a donné le plus grand nombre. Je dois mon existence à la loi, qu'elle me l'ôte, je me retire.

ACTE II, SCENE III.

TIMOLÉON.

Tu parles de lois dans un lieu où une insolente troupe de mercénaires fait de la force le droit.

TIMOPHANE.

Tu veux donc m'exposer sans défense à l'aveugle colère, à l'envie, à la rage, à la vengeance d'Archidas ou de ses égaux en perversité, que la crainte seule arrête?

TIMOLÉON.

Arme-toi d'innocence et non de satellites; et ne fais plus à ta crainte un rempart de la crainte d'autrui. Si tu n'es pas criminel, que crains-tu? Ou si tu l'es, ne crains pas seulement le courroux d'Archidas, mais les fureurs de tous; — et la mienne.

DÉMARISTE.

Qu'entends-je? hélas! la discorde s'allume de nouveau entre vous, quand je m'efforce de vous réconcilier? que je suis malheureuse!...

TIMOPHANE.

Ma mère, je te laisse avec lui. Il est trop emporté par la colère, un plus long entretien avec moi lui serait trop pénible. — Quelles que soient nos opinions, pareilles ou différentes, aucune force ne pourra jamais m'empêcher d'avoir pour toi les sentimens d'un frère;

SCÈNE IV.

DÉMARISTE, TIMOLÉON.

TIMOLÉON.

O miracle nouveau ! lui qui fut toujours la colère même, lui dont le cœur est plus bouillant que l'Etna, il est déjà maître de feindre ; il commande à sa rage, depuis qu'il commence à l'assouvir dans le sang.

DÉMARISTE.

Mon fils, ton esprit trop prévenu s'abuse.

TIMOLÉON.

Ah ! non, ce sont tes yeux qui sont prévenus ; tu ne veux pas voir une chose manifeste et déplorable. Ma mère, je vis loin de toi ; il te serait nécessaire de m'avoir sans cesse à tes côtés, pour éclairer ta raison. Je te fus cher....

DÉMARISTE.

Et tu l'es toujours ; crois-le bien...

TIMOLÉON.

Tu dois donc aimer, autant que moi, la véritable gloire. Nous devons nous attacher à la recouvrer : je veux effacer la tache dont mon frère s'est souillé : je l'aime, je le jure, plus que moi-même, autant que toi; mais tu peux sur lui beaucoup plus que moi; et tu dois le résoudre d'abord à un acte aussi nécessaire que magnanime....

DÉMARISTE.

A redevenir simple citoyen?...

TIMOLÉON.

A redevenir homme et citoyen : à se soustraire à la juste haine de tous les citoyens : à rentrer dans le chemin de la véritable vertu qu'il a oublié : à redevenir mon frère, que je suis près de ne plus reconnaître en lui. En vain tu te flattes, ma mère; la vérité n'entre ici qu'avec moi. Vous vivez parmi des esclaves frappés de terreur : au milieu de Corinthe, vous respirez un autre air que celui de Corinthe : ici tout applaudit à votre audace inhumaine : tu entends appeler justice, les assassinats; les outrages les plus cruels, peine méritée; le despotisme, soin prévoyant. Sortez de votre demeure criminelle, écoutez les murmures, les cris, les imprécations de tous; sondez attentivement les cœurs de vos concitoyens; et dans le fond de sa pensée vous verrez chacun d'eux nourir la haine de votre pouvoir et l'espoir de votre ruine, chacun promettre l'opprobre et la mort; et plus la crainte retarde le coup qui vous menace, plus il sera cruel, terrible, et mérité, quand il fondra sur vots têtes......

DÉMARISTE.

Ah! mon fils, tu me fais frémir.

TIMOLÉON.

Et moi, je frémis sans cesse pour vous. Prends pitié de lui, de moi, et de toi-même. Je suis tel, que tous vos malheurs deviennent encore plus les miens; mais en même temps, toute offense à la patrie me touche. Au milieu de ces deux affections, je sens mon cœur se déchirer; je suis fils, citoyen, frère : noms augustes! Personne ne les apprécie plus que moi, et ne désire plus en remplir tous les devoirs. Ah! ne cherchez pas à éprouver lequel de ces noms a le plus d'empire sur moi. Je naquis Grec, tu es Grecque, tu m'entends. Tu me vois près de la cruelle extrémité de devenir votre ennemi déclaré, votre ennemi mortel. Ecoute-moi donc pendant que je parle encore comme un fils et comme un frère.

DÉMARISTE.

Ah! quel dieu parle en toi? Je ferai que ton frère m'entende...

TIMOLÉON.

Ah! ma mère, cours le persuader. S'il consent à ne plus tirer le glaive sanglant, s'il le dépose sans plus tarder, il sera encore temps, je l'espère. Aujourd'hui tu peux, toi seule, réconcilier tes fils; tu peux vivre avec eux à l'ombre bienfaisante de la faveur publique, ou les désunir et les perdre pour jamais.

FIN DU SECOND ACTE.

ACTE III.

SCÈNE PREMIÈRE.

ESCHYLE, DÉMARISTE.

ESCHYLE.

O mère de Timophane, il est temps de t'affliger d'avoir un pareil fils; enfin il montre à découvert le visage d'un tyran.

DÉMARISTE.

Qu'y a-t-il? pourquoi ne le puis-je rencontrer?

ESCHYLE.

Eh quoi! ne sais-tu pas?...

DÉMARISTE.

Je ne sais rien; parle...

ESCHYLE.

Par les mains de ses infâmes satellites, il vient d'arracher la vie...

DÉMARISTE.

A qui?

ESCHYLE.

Archidas est étendu baigné dans son propre

sang, la vengeance a été accomplie ouvertement : égorgé au milieu de la voie publique, il expire ; et ses coupables meurtriers loin de s'enfuir, restent audacieusement autour de son corps presqu'inanimé afin d'écarter tout secours. Tous ceux qui passent, fuient épouvantés, osant à peine se plaindre tout bas. Il meurt, ce citoyen généreux, juste, humain, le seul qui donnât quelque lustre à la magistrature avilie. Timoléon se voit ravir en lui l'émule de sa vertu, son ami le plus cher, le seul...

DÉMARISTE.

Hélas ! que dis-tu ? O ciel ! maintenant plus que jamais devient éloignée toute paix entre mes fils ; peut-être même est-elle rompue pour toujours. Malheureuse ! que vais-je faire.

ESCHYLE.

Tourne-toi du côté du bon droit, et fais valoir ta prérogative de mère. J'ignore par quelle expiation de son crime, il pourra calmer le courroux de son frère, et satisfaire Corinthe ; mais cependant, s'il cède enfin, s'il se dépouille de sa coupable puissance, il me reste encore un rayon d'espérance pour lui. Il a un frère dans Timoléon ; je suis son parent et son ami, peut-être trop : on nous accusera d'injustice : néanmoins nous pouvons encore le sauver. Mais, si au contraire, son cœur s'est endurci dans l'exercice sanglant de la nouvelle tyrannie, tremble, tremble pour lui.

DÉMARISTE.

Qu'entends-je ?

ESCHYLE.

Jusqu'ici trop aveugle sur sa perversité naissante, j'ai été la dupe de ses indignes artifices ; quoique un peu tard, je m'apperçois qu'il est temps enfin que je change à son égard, de conduite, de langage et de sentimens.

DÉMARISTE.

Écoutons-le d'abord. Qui sait ? peut-être... Je suis loin de blâmer ton courroux... Je n'ose défendre une action aussi atroce ; mais cependant un motif a dû l'y pousser. Jusqu'à présent son glaive n'a frappé que les plus coupables citoyens : il est redoutable, il est vrai, mais seulement à ceux qui, chargés de crimes et du mépris public, restent impunis parce que toute loi est muette devant eux. Tel il a été jusqu'à présent.

ESCHYLE.

Démariste, si tu l'écoutes, je crains que tu

n'entendes une justification plus criminelle que ne l'est son action.

DÉMARISTE.

Le voici.

SCÈNE II.

TIMOPHANE, DÉMARISTE, ESCHYLE.

DÉMARISTE.

O mon fils! hélas! mon fils, qu'as-tu fait? Pouvais-tu commettre une action plus déplorable, plus faite pour te confirmer l'odieux nom de tyran? Chacun en frémit: tu as perdu pour toujours l'amitié de ton frère. Malheureuse que je suis! qui peut prévoir quelle sera la fin de tout cela? Ton véritable ami, Eschyle lui-même en murmure, et ta mère aussi en gémit. Hélas! il n'est donc que trop vrai que tu méditais des projets aussi périlleux qu'ils sont criminels, que tu affrontes des dangers effrayans; tu déchires à la fin le bandeau qui me rendait aussi aveugle en ta faveur.

TIMOPHANE.

D'où te vient cet excès de douleur? quel malheur t'en revient-il? Archidas t'était-il uni par le sang ou par l'amitié? Tu le vois, bien, ce n'est pas de ta douleur que tu t'affliges à présent.

DÉMARISTE.

Quel malheur m'en revient! et tous ceux qui peuvent t'en revenir?

ESCHYLE.

Et qui ne manqueront pas de lui en revenir.

DÉMARISTE.

Et appelles-tu un léger malheur, la haine publique, quand je la partage avec toi? Et les craintes d'une mère sans cesse incertaine sur ton sort? et la haine de mon autre fils que tu encoures? et le spectacle de votre inimitié éternelle?

TIMOPHANE.

Sans être du vulgaire, vous jugez comme le vulgaire. Pendant que tu essaies de fléchir mon frère par les discours, moi j'essaye de le changer par mes actions. Archidas, tant qu'il eût respiré, aurait excité sa haine et sa colère contre moi; il m'avait dérobé la meilleure partie de l'affection de mon frère. Au milieu de tous ses crimes, celui-là seul me parut enfin capital.

ESCHYLE.

Il était trop intègre, trop bon citoyen, voilà son crime. Mais as-tu songé qu'avec la patrie vit Timoléon? Qu'Eschyle reste aussi?

ACTE III, SCÈNE II.

Malheureux insensé!... où cours-tu? Je t'aimais autrefois, et tu sais combien. Je suis un homme droit, je te croyais de même, et tu le fus d'abord avec moi; j'étais ton ami, tu étais le mien... Nous ne sommes plus liés que par le sang, de grâce, ne vas pas rompre un pareil lien. Considère-moi comme un homme qui se déclare hautement l'ennemi juré, implacable, de toute vertu mensongère; tel je suis.

TIMOPHANE.

Moins léger que vous, je ne change pas aussi promptement mon amour en haine. Vous me fûtes jadis, vous m'êtes encore chers par dessus tout; et pour recouvrer mon frère et mon ami, je ne négligerai rien. La franchise de ton langage ne me blesse pas; mais l'obstacle qui nous séparait, n'existant plus, j'espère regagner ton cœur. Quant à toi, ma mère, je t'ai déjà convaincue que Corinthe demande un nouveau frein. Que ne puis-je calmer toutes les haines à-la-fois?

DÉMARISTE.

Je suis offensée pour ton frère.

ESCHYLE.

Qu'entends-je? tu ne t'offenses pas pour ta patrie.

TIMOLÉON.

DÉMARISTE.

Je suis mère.

ESCHYLE.

De Timophane.

DÉMARISTE.

De tous deux.

ESCHYLE.

Non, tu n'es pas la mère de Timoléon.

DÉMARISTE.

Tu l'entends... Ah! je suis bien malheureuse!

TIMOPHANE.

Avant que tu entendes mon frère, laisse-moi d'abord affronter son courroux. Il serait trop dur pour toi de recevoir ses reproches. Je te promets de les amener tous deux à embrasser mes sentimens : aucun mal ne peut leur en revenir, et je veux que Timoléon, malgré lui, partage ma puissance que désormais je possède avec sécurité. Je sais que par toi-même, tu ne diffères pas de moi : tu n'es pas gouvernée par un aveugle amour de la patrie : tes enfans te sont chers, à toi. Pour le présent, laisse-moi. Peut-être mon frère viendra-t-il me trouver ; je veux d'abord le convaincre, ensuite tu ne tarderas pas à prendre part à notre bonheur.

ESCHYLE.

Ah! le convaincre maintenant, t'est aussi possible que de me convaincre. Mais dis-moi, s'il ne cède pas, es-tu décidé à poursuivre ta folle entreprise? Penses-y; parle.

DÉMARISTE.

Eschyle... ô ciel! quel horrible présage vient assaillir mon cœur? Ah? mon fils, je t'en prie, garde-toi de ne rien exécuter sans m'en instruire auparavant.

TIMOPHANE.

Je te le promets, va maintenant, ma mère, je n'entreprendrai rien sans ton assentiment: sois tranquille, je te le jure. J'ai en moi la confiance de t'annoncer dans peu une paix intérieure, aussi solide que la gloire qui nous entoure au dehors.

SCÈNE III.

TIMOPHANE, ESCHYLE.

ESCHYLE.

Timoléon a le cœur plus mâle: tu ne le vaincras pas comme celle qui est déjà vaincue par l'ambition naturelle à son sexe.

TIMOPHANE.

Sois-en persuadé j'ai en moi tous les moyens de vous vaincre tous.

ESCHYLE.

Tu t'expliques enfin; ce langage est parfaitement d'accord avec ta conduite. Tu es moins méprisable à mes yeux, maintenant que tu parles comme le doit un tyran. Et moi je vais te parler comme le doit un citoyen. Je suis venu pour rompre toute amitié avec toi. Je ne m'afflige pas d'avoir été trompé par toi; si je t'avais trompé, mon affliction serait vive, parce que je suis un homme ami de la vérité.

TIMOPHANE.

Je ne romps pas ainsi les nœuds sacrés d'une antique amitié. Eschyle, écoute-moi. Malgré toi, je puis te convaincre qu'en moi toute vertu n'était pas mensongère, et que la droiture peut s'unir au pouvoir. Si je t'ai toujours caché ma pensée de vouloir m'élever au premier rang; si même je l'ai niée, je devais te la nier. Tu ne l'aurais jamais cru de moi. Un homme laisse-t-il jamais échapper la puissance souveraine ? Tu t'es peut-être trompé en me prenant pour ami, dans le temps que je m'appliquais à étendre peu-à-peu ma puissance; mais tu ne te tromper pas moins en ce jour, si tu cesses d'être mon ami maintenant que mon pouvoir est déjà si grand.

ESCHYTE.

C'était le meurtre d'Archidas qui devait me dévoiler l'atrocité de ton cœur qui jusqu'à présent m'était inconnu. Est-il bien vrai que tu sois aussi criminel ? Mais, ô ciel ! je cesse d'être ton ami, au moins je reste encore ton parent. Ah ! Timophane, par ma sœur chérie, digne de toute ton estime, par ces tendres enfans dont elle te rendit père, je t'en conjure, aies pitié d'elle, aies pitié d'eux, puisque tu n'as pitié ni de toi, ni de nous. Corinthe n'est pas encore aussi muette que tu le penses ; tu t'apprêtes une joie de bien peu de durée, et tu nous apprêtes de bien longues douleurs. De grâce, écoute-moi. Tu vois que je pleure, et c'est pour toi que je pleure. Tu n'es pas encore assez coupable pour ne plus voir aucun obstacle ; tu n'es pas assez innocent pour ne rien craindre. Il te faut bien d'autres meurtres avant de pouvoir être maître absolu dans Corinthe, et sans doute tu n'as pas le cœur atroce qu'il faut pour les consommer. Tu le vois, je te parle comme à un homme ; parce que tu me parais conserver encore dans ton cœur quelque étincelle d'humanité. De cesser de t'aimer à t'abhorrer, il y a plus d'un pas... et il me coûterait beaucoup de le faire. Ah! par pitié ne m'y force point.

TIMOPHANE.

Tu es un excellent ami; pourquoi es-tu égaré? Je ne t'en aime pas moins pour cela. — Mais je vois venir Timoléon.

SCÈNE IV.

TIMOLÉON, ESCHYLE, TIMOPHANE.

TIMOPHANE.

Un mot seulement, de grâce, souffre que je te parle d'abord, tu parleras ensuite.

TIMOLÉON.

Je te croyais tyran, mais au moins sans bassesse; mais tu es aussi vil que tous les autres tyrans. Insensé que j'étais! Y a-t-il un tyran au monde qui n'ait l'âme vile? — Au sublime meurtrier de tout bon citoyen, je viens présenter moi-même un des meilleurs citoyens qui restent: Archidas vit en moi; tu as commis un crime inutile: Corinthe tout entière respire en moi, dans cette âme forte, inflexible et pleine de liberté. Ainsi donc prends ma vie, prends-la et tais-toi. Il te reste à m'immoler.

TIMOPHANE.

Maintenant connais les étranges sentimens d'un tyran. Je te dois la vie; tu me l'as sauvée, mon frère, reprends-la. Je n'ai point de gardes armés qui m'entourent : voilà mon épée, tourne-la contre moi. Vois, ma poitrine est encore toute nue, je ne revêts pas encore la timide cuirasse; je vis avec sécurité, aussi tranquille que toi. Que tardes-tu? frappe, frappe; assouvis dans mon sang toute la haine que tu nourris contre les tyrans. S'il est vrai que je mérite ta haine, je ne suis plus un frère pour toi. Aucun mortel au monde ne peut m'ôter mon pouvoir : seul tu peux m'ôter la vie, et avec impunité.

FIN DU TROISIÈME ACTE.

ACTE IV.

SCÈNE PREMIÈRE.

DÉMARISTE, TIMOLÉON.

TIMOLÉON.

Je viens recueillir les fruits de ta prudence. Depuis que je ne t'ai vue, Archidas seul a été égorgé : tes discours ont été jusqu'à présent d'un grand frein pour ton superbe fils : il n'est plus douteux que tu aies attendri, que tu aies changé son cœur. Ce que ne firent point les paroles sans effet de son frère, les murmures universels, les plaintes de tous, les reproches de l'amitié et les remords cuisans, enfin a été fait par les prières vertueuses, toutes puissantes d'une mère.

DÉMARISTE.

Mon fils, le ciel sait avec quelle chaleur j'ai travaillé à le convaincre; mais y a-t-il un rocher aussi inébranlable que le cœur de Timophane? Il a essayé le pouvoir, il n'y a prières, larmes, raisons, ni puissance qui le changent désormais. J'étais encore ici m'entretenant avec toi, il nous quittait à-peine, qu'il faisait cruellement mettre à mort Archidas. Que purent les discours après une telle conduite? En vain j'ai parlé; Timophane persiste plus que jamais... Par pitié! mon fils, toi qui es sage et humain, cède, cède pour le présent au torrent impétueux, irrésistible; peut-être ensuite...

TIMOLÉON.

Démariste, est-ce bien à moi que tu parles?

DÉMARISTE.

Malheureuse que je suis! Et si tu ne cèdes pas, qu'arrivera-t-il désormais?... Par pitié! écoute-moi. Veux-tu le voir périr, ou veux-tu que son ambition folle l'entraîne à de plus horribles attentats? Maintenant sa position est trop différente de la tienne: il a déjà trop versé de sang, pour qu'il puisse vivre avec sécurité. S'il reste sans défense, il n'y a que le pouvoir qui soit capable de remédier à la perte de sa réputation; mais toi qui es fort de ton innocence, mes prières doivent avoir plus d'effet sur toi; et tu peux plus facilement me prêter l'oreille. S'il se rend, il perd tout, sa puissance, son honneur et peut-être même la vie : et toi, si tu te rends à ma voix, tu ne perds rien.

TIMOLÉON.

Quels sentimens infâmes! et tu comptes pour rien la patrie? pour rien mon honneur? Es-tu bien ma mère? s'il cesse d'être tyran, tu crains pour sa vie. Mais dis-moi, crois-tu qu'il puisse conserver la vie, s'il reste tyran?

DÉMARISTE.

O ciel! toutes tes paroles respirent la vengeance. Tu es cruel pour ton frère, tandis qu'il est tout amour pour toi; tandis qu'il veut que la patrie vive en toi, dans ta prudence, dans ton cœur juste et magnanime; et qu'il veut que pendant la paix elle reçoive de toi une splendeur encore plus grande que celle qu'il lui donna pendant la guerre. Il me jurait tout cela.

TIMOLÉON.

Et tu te laisses persuader par des discours qui, vrais ou faux, sont toujours coupables! Tu devrais savoir, il me semble, que je suis un citoyen et non la cité. La patrie vivante se trouve dans nos lois sacrées, dans les magistrats intègres qui leur sont soumis; dans le peuple, dans les grands, dans l'union des suffrages qui ne sont pas achetés, dans la liberté constante, universelle, pleine de sécurité, dans la vraie liberté qui rend égaux tous les hommes de bien; et par dessus tout la patrie vit dans l'horreur de la domination d'un seul homme. Ne sais-tu pas tout cela? Il vous reste un dernier outrage à me faire, c'est d'oser me croire ou de feindre de me croire le soutien de votre tyrannie. — Toi, Démariste, des indices très-certains font reconnaître que tu partages la criminelle ambition de ton fils. Tu es bien plus flattée d'être la mère de Timophane tyran, que celle de Timoléon citoyen: je ne le vois que trop.

DÉMARISTE.

Et chacun voit aussi que je ne sais pas, comme toi, dépouiller l'amour de mon sang, que je suis toujours mère... Que n'es-tu toujours frère !

TIMOLÉON.

Oh! quelle mère es-tu? Les femmes de Sparte t'enseignent ce que doivent être les mères dans une cité libre. Ce que tu appelles ton amour maternel est le sentiment plein de faiblesse d'une femme aveuglée, qui te fait estimer moins l'honneur de ton fils que son orgueil méprisable et obstiné. Vois à Sparte les mères se réjouir du trépas de leurs fils morts pour la patrie, compter leurs plaies, les laver, les baigner des larmes de la joie, non de celles de la douleur, et la plus fière d'entre elles est celle qui a perdu le plus de fils. Ce sont là des femmes, ce sont là des citoyennes, ce sont là des mères. Et toi, tu cèdes à l'inflexible volonté de ton fils que cependant tu sais criminel, et tu oses me dire, tu oses espérer que j'y cède. Pourquoi ne cèdes-tu pas à ma volonté encore plus inflexible, que tu sais être fille de la vertu? Pour lui seul tu fais sonner le nom de mère; pourquoi le taire pour moi?

DÉMARISTE.

Calme-toi, écoute-moi... Et que n'ai-je pas fait? et que n'ai-je pas dit? Je le sens, la raison est pour toi; mais tu le sais, la force combat pour lui, la force qui est sourde à la raison...

TIMOLÉON.

Non ma mère, non, tu as dit peu, et tu as fait encore moins, ou plutôt tu n'as rien fait. Ton cœur ne brûle pas de cet amour bouillant de la patrie, qui donne du courage aux plus faibles, qui t'eût aussi inspiré une éloquence sublime, mâle et pleine d'énergie. Crois-moi, l'adroit Timophane ne se repose que trop sur l'incertitude continuelle de ta volonté; et il voit bien aussi combien est flatteur, pour ton cœur de femme, le désir de régner. As-tu fait tonner à son oreille la voix menaçante de l'indignation? L'as-tu fait...

DÉMARISTE.

J'ai osé tout ce que peut risquer une faible mère; mais...

TIMOLÉON.

Une mère grecque fut-elle jamais faible et sans armes? Tu as des armes plus puissantes que tu ne mérites; si tu ne les emploies pas, la faute en est à toi. Quand il résistait aux prières, aux larmes et aux raisons, tu devais bannir d'ici, de cette maison, qui est ta propriété, l'exécrable cortége de la tyrannie; ôter à ton fils tous les moyens de corrompre, lui ôter avant tout une arme pire que le fer, l'aliment nécesssaire de tous les excès, l'or. La dernière volonté de ton époux et la loi de Corinthe ne te font-elles pas l'arbitre de tous nos biens?

DÉMARISTE.

Il est vrai, je pouvais le lui dire, mais...

TIMOLÉON.

Il fallait le faire, non le dire; et s'il était assez criminel pour te résister, pourquoi n'es-tu pas sortie de cette maison, séjour de crimes et d'infamie, pourquoi n'en es-tu pas sortie baignée de larmes, t'arrachant les cheveux, revêtue des habits du veuvage, le visage et le sein meurtris ? Tu devais alors emmener avec toi les tendres enfans de ton fils, innocens de la tyrannie de leur père, te faire suivre de leur mère désolée; spectacle de vertu antique, agréable aux bons citoyens! puis te retirer avec eux dans ma demeure, auprès de ton véritable fils; abandonner le tyran à lui-même, au milieu de ses satellites; te proclamer hautement innocente de son usurpation, et te soustraire ainsi au terrible reproche d'y avoir pris part... As-tu fait tout cela? Aurait-il pu résister alors? Certes, il méprisa ce qu'il devait mépriser, de faibles larmes, et les lamentations impuissantes d'une femme.

DÉMARISTE.

Mon fils... j'ai craint... De grâce, écoute-moi...

TIMOLÉON.

C'est lui qui devait t'écouter.

DÉMARISTE.

J'ai tremblé de le rendre plus cruel, en l'excitant à la colère; je me suis adressée et je m'adresse encore à toi que menace un plus grand malheur, à toi...

TIMOLÉON.

Tu crains! Si la crainte est maintenant

ton guide, si elle occupe en toi la place de
l'amour de la patrie; sache qu'un malheur,
un malheur irréparable menace sa tête et
non la mienne; sache que ce jour, ce seul
jour te reste si tu veux le sauver.

DÉMARISTE.

Qu'entends-je? ô ciel!...

TIMOLÉON.

Oui, ce jour déjà voisin de la nuit... J'aime
mon frère, mais je l'aime d'un amour différent du tien : au fond du cœur je gémis sur
son sort, bien que je ne pleure pas avec toi.
Je te parle avec dureté, parce que je vous
aime tous deux... Désormais je ne tremble
plus pour Corinthe... je tremble pour vous
seuls. C'est à tort que l'imprudent Timophane se fie à ses soldats... Ah! ma mère,
je t'adresse les dernières prières. Si sa vie
t'est chère, je te prie pour sa vie. Moi seul
je retiens le glaive vengeur des citoyens,
qui est suspendu sur sa tête; moi seul j'ajoute encore un jour aux jours du tyran.
Moi, qui devrais le premier me baigner dans
le sang du tyran, par une honte criminelle,
je prolonge sa vie. Que mes paroles te ser-
vent d'avis, et crois bien que Corinthe n'a
pas encore mérité la colère des dieux, au
point qu'elle doive s'anéantir devant un seul

homme. — Voici le tyran. Je ne veux plus lui parler : je lui ai tout dit. S'il arrive quelque malheur, ne t'en prends désormais qu'à toi-même.

SCÈNE II.

DÉMARISTE, TIMOPHANE.

TIMOPHANE.

Timoléon me fuit.

DÉMARISTE.

Ah! mon fils!

TIMOPHANE.

Est-ce lui qui t'as causé ce trouble? Tu n'as donc pu le changer.

DÉMARISTE.

O ciel! ses discours ont porté la mort dans mon cœur.... Tremble! un seul jour, ce seul jour te reste.

TIMOPHANE.

Que je tremble? il est trop tard, maintenant que mon entreprise est consommée.

DÉMARISTE.

Combien tu te trompes! Ah! peut-être sans ton frère, ne serais-tu plus?

TIMOPHANE.

Me méprises-tu assez pour espérer d'obtenir de moi par la terreur ce que je refuse aux prières? Je vais te parler bien plus ou-

ACTE IV, SCÈNE II.

vertement que lui : que mes paroles soient pour toi une forte preuve que je ne crains rien. Je connais toutes leurs trames ; je sais que mes faibles ennemis emploient contre moi de vains artifices. Ils ont aussi leurs traîtres : en vain ils attendent une réponse de Mycènes ; en vain ils ont corrompu plusieurs de mes soldats ; je sais tout, leurs démarches, leurs actions, leurs pensées, je suis informé de tout. Je ne peux pas succomber, mais cela dût-il arriver, jamais je ne reculerai, non jamais. Il eût été moins honteux pour eux de montrer à découvert leur fureur contre moi ; mais si la fraude leur a souri, ils tomberont victimes de leur fraude.

DÉMARISTE.

O ciel ! serais-tu aussi dénaturé que ton frère ?... cruel !

TIMOPHANE.

Il me flétrit du nom de tyran ; mais néanmoins je suis meilleur fils, meilleur frère qu'il ne l'est. Ma mère, je donnerais encore ma vie pour sauver la sienne. Tu peux juger de là si je le distingue de mes autres ennemis. Eschyle et lui échapperont seuls aujourd'hui au massacre général qui va se faire...

DÉMARISTE.

O ciel tu parles encore de nouveaux massacres ! Dieux ! que fais-tu ? arrête-toi, je te l'ordonne. Ah ! pour ton malheur, je n'ai que trop gardé le silence jusqu'à présent. Ma faible condescendance m'a rendue complice de tes fautes, c'est avec raison que Timoléon s'indigne contre toi.

TIMOPHANE.

Mon destin est irrévocablement fixé : ou régner ou mourir. En vain ton courroux éclate, en vain tu pries, tu pleures, tu menaces. L'ordre du massacre est déjà donné : je ne tremble plus désormais que pour mon frère ; la fureur des soldats ne se maîtrise qu'à grand'peine. C'est à toi, notre mère à tous deux, c'est à toi de faire en sorte qu'il évite tout rassemblement. Par pitié, mets tout en œuvre pour qu'il vienne se retirer au milieu de nous. Il ne m'a pas instruit de ses complots, fais-lui connaître les miens : ne lui fais connaître que ce qui peut servir à son salut. Je tremble qu'il ne persiste à vouloir se rendre au lieu dont il est convenu avec Eschyle : ici seulement, ils seront en pleine sécurité.

DÉMARISTE.

Et si je réussis à l'entraîner ici, malheureuse que je suis ! quand il apprendra le massacre... peut-être... O jour épouvantable !... peut-être alors emporté par la vengeance...

TIMOPHANE.

Il pourra changer, quand il verra que j'ai voulu l'épargner. Il peut encore m'ôter la vie, qu'il le fasse donc : lui seul le peut. Qu'il reprenne cette vie qu'il m'a sauvée... Mais me ravir la puissance que j'ai acquise ! le ciel lui-même ne le pourrait qu'après m'avoir consumé de ses feux et réduit en cendres.

SCÈNE III.

ESCHYLE, DÉMARISTE, TIMOPHANE.

ESCHYLE.

Ne t'étonne pas de me voir encore : tu me vois avec le visage d'une généreuse inimitié, et le premier coup que je te porte, c'est de te dire librement que la mort est au moment de fondre sur ta tête.

DÉMARISTE.

Ah ! mon fils, je ne te quitte plus... Attachée à tes côtés... Eh bien, te rends-tu ?... Par pitié ? crois cet homme généreux... O ciel ! que fais-tu ?

TIMOPHANE.

Mon cœur est armé contre tous les coups possibles. Je vous attends avec intrépidité.

ESCHYLE.

Ecoute-moi; jamais je ne fus plus sincère avec toi: je te parle du fond du cœur, et bien que je sois du parti contraire au tien, mon cœur n'est pas changé, il ne le serait qu'à ton avantage: prête-moi l'oreille. Si vaillant que tu sois, tu es seul, tu n'es que toi; c'est à tort que tu te fies à d'autres, la mort t'environne sous mille formes différentes. De tant d'épées qui sont tirées pour ta défense, il n'en est pas une qui ne puisse se tourner contre ton sein. Ah! crois-moi, ne crois que moi, ou change, ou frappe, ou tremble!

TIMOPHANE.

Laissez-moi à ma destinée. Ce jour que vous m'annoncez si terrible pour moi, ne sera pas écoulé, que je vous aurai convaincus; et peut-être aussi ne serez-vous pas fâchés de trouver dans les autres une pitié plus efficace que celle dont vous êtes si prodigues envers moi.

SCÈNE IV.

ESCHYLE, DÉMARISTE.

ESCHYLE.
Tu le veux? J'ai fait pour toi au-delà de mon devoir.

DÉMARISTE
Par pitié! cours, vole, entraîne ici Timoléon : je dois lui révéler moi-même des choses importantes. Fais, je t'en supplie, qu'il évite tout rassemblement : il y va de sa vie... Veille sur lui... Je frémis... Entraîne-le ici, à quelque prix que ce soit, par pitié! avant la chûte du jour; ailleurs il ne serait pas en sûreté. Va; aie pitié d'une mère; sauve-moi un fils; je cours attendrir l'autre.

SCÈNE V.

ESCHYLE.
Quel trouble l'agite! oh! quel horrible secret est caché dans ses paroles? O ciel!... Et d'où vient une si grande sécurité dans le coupable tyran? Saurait-il nos projets? Sommes-nous trahis maintenant par ceux qui l'avaient trahi? La mère connaît tous les détestables complots de Timophane; et elle trem-

ble davantage pour son autre fils! Ainsi, exécrable tyran a résolu de consommer un nouveau massacre... Ah! si cela était jamais... Courons sauver le héros dans lequel réside le salut de la patrie, ou mourons tous pour Corinthe avec Timoléon.

FIN DU QUATRIÈME ACTE.

ACTE V.

SCÈNE PREMIÈRE.

TIMOLÉON, ESCHYLE.

TIMOLÉON.

Pourquoi m'entraîner ici, maintenant que la nuit commence ?

ESCHYLE.

Ah ! viens, tu entendras ta mère.

TIMOLÉON.

Qu'entendrai-je que je ne sache déjà !

ESCHYLE.

Elle veut te voir ; elle a des choses importantes...

TIMOLÉON.

Oserais-tu te réunir à elle pour me tromper ?

ESCHYLE.

Moi ?... Tu as entendu tout-à-l'heure quels sont mes desseins. Je ne veux que ta sûreté, et maintenant tu es sauvé.

TIMOLÉON.

Que dis-tu ? Sauvé de quoi ? Explique-toi.

ESCHYLE.

Pardonne-moi, si je t'ai caché une seule chose.

TIMOLÉON.

Ah ! peut-être as-tu osé ?...

ESCHYLE.

Ne t'irrite point. Je viens d'entendre ta mère parler d'une manière si incertaine, j'ai lu dans son cœur tremblant une inquiétude si vraie pour ton avenir, elle me priait si instamment de t'entraîner ici, qu'à tout prix j'ai voulu le faire. J'ai bien pensé que nos amis couraient un grand danger, mais néanmoins, je te l'ai caché ; j'étais trop certain que je ne réussirais jamais à te séparer d'eux, si je te le disais.

TIMOLÉON.

Qu'entends-je ? Tu oses choisir cette infâme maison pour me soustraire au danger commun ? Ah ! tu commences bien mal...

ESCHYLE.

Je saurai, je te le jure, réparer un pareil commencement par une fin plus honorable ; mais j'ai voulu te sauver.

TIMOLÉON.

Et que sais-tu donc ?... Quel est ce danger ?

ESCHYLE.

Je sais peu de chose de certain : mais je crains tout : ce qui me commande de craindre, c'est la contenance audacieuse de Timophane plein de sécurité, et la terreur de ta mère irrésolue. Ceux de ses satellites que nous avions gagnés par notre or, qui avaient promis d'épier ses démarches, et de nous en instruire, ont été découverts et mis à mort en même temps. Nous n'avons plus personne à qui nous fier. Le lieu convenu pour notre rassemblement est aussi découvert.

TIMOLÉON.

O jour fatal !.., jour redouté !... es-tu donc arrivé ?... N'en doutons plus, nous sommes trahis... Aujourd'hui il nous faut redoubler de courage et d'amour pour la patrie ; jamais plus qu'aujourd'hui, il ne nous fut nécessaire de nous montrer inébranlables ; et ce qu'il y a de pis, jamais il ne nous fut nécessaire, comme aujourd'hui, de nous montrer dissimulés.

ESCHYLE.

J'ai fait aussitôt avertir nos amis qu'il y avait du danger à se réunir. Je tremble, ô ciel ! de n'avoir pas confié cet avis à un messager sûr ; mais le peu de temps que j'avais, et le désir extrême de te sauver d'abord, m'ont rendu imprudent.

TIMOLÉON.

Tu devais me sauver le dernier. Et quel plus grand bonheur pouvait m'arriver que de succomber avec la patrie ? quel autre désir ai-je que celui de mourir ?... Malheureux que je suis !... Pourquoi me sauver ? A quelle cruelle alternative je reste livré.

ESCHYLE.

Maintenant que tu es sauvé, occupons-nous de sauver la patrie. Cependant entendons Démariste.

TIMOLÉON.

Timophane est déjà un tyran consommé; il sait priver ses ennemis de tous leurs moyens; se rendre maître de toutes les âmes, épier les pensées; et effrayer les autres autant qu'il est effrayé lui-même.

ESCHYLE.

Mais il ne sait pas encore tout prévoir.

TIMOLÉON.

Le malheureux !...

ESCHYLE.

Il l'a voulu, lui-même l'a voulu, il a étouffé chez moi toute pitié. O ciel ! qui sait ?... Peut être maintenant nos amis...

TIMOLÉON.

J'ai vu de loin venir à nous deux d'entre

eux, deux des plus intrépides, Ortagoras et Timée; mais je leur ai fait signe de se retirer.

ESCHYLE.

Tu as eu tort, que ne les ai-je vus aussi !

TIMOLÉON.

S'il faut frapper c'est assez de nous deux.

ESCHYLE.

C'est encore trop, sans doute, si nous sommes forcés d'en venir à la vengeance; mais nous aurions dû nous servir de ces deux conjurés pour avertir les autres.

TIMOLÉON.

Pourquoi rien me taire? Il sera mieux de sortir....

ESCHYLE.

Quelqu'un vient, il me semble : entends-tu?

TIMOLÉON.

J'entends; et ce sont les pas d'une femme: c'est peut-être ma mère.

ESCHYLE.

C'est elle.

SCÈNE II.

DÉMARISTE, TIMOLÉON, ESCHYLE.

O mon fils!... ô bonheur!... je te revois, ô mon fils! Généreux Eschyle, quel service signalé tu m'as rendu! Je revois mon fils, et c'est à toi que je le dois.

TIMOLÉON.

D'où vient une si grande joie? aurais-tu fléchi le cœur du tyran? Viens-tu m'annoncer que la liberté revit, que ses bienfaits universels, glorieux, sublimes nous sont rendus? Mais non, je vois encore empreint sur ton visage l'orgueil de la royauté. De quoi te réjouis-tu, insensée?

DÉMARISTE.

Je me réjouis de te revoir et de t'embrasser. Je n'espérais plus que tu revinsses jamais dans ma demeure.

TIMOLÉON.

Cette demeure est celle de la perfidie et de la douleur. Elle n'est pas la tienne; ou du moins, elle ne l'est pas de celle qui est ma mère. Mais, sans doute, tu m'as appelé ici pour que je t'en fasse sortir? Viens, c'est une grande victoire pour moi que de sauver ma

ACTE V, SCÈNE II.

mère; j'en conçois l'heureux présage de sauver ensuite ma patrie.

DÉMARISTE.

O mon fils! toujours inflexible, persistes-tu dans tes projets?...

TIMOLÉON.

Et toi, femme aveugle, persistes-tu toujours dans ta faiblesse? as-tu quelqu'autre chose à me dire?

DÉMARISTE.

Je voudrais te parler... Mais...

TIMOLÉON.

Tu ne l'oses pas, je le vois. Mais ton silence en a déjà plus dit que je n'en veux entendre... Eh quoi! tu trembles? Je comprends: tu es reine : tu es mère d'un tyran. Je n'ai plus rien à te répondre. Tu es digne d'habiter dans ces lieux, tu es digne d'y mourir. Il n'était pas besoin de m'appeler : tu le sais, je ne suis plus ton fils... Eschyle, viens; sortons de ce séjour d'iniquité.

DÉMARISTE.

Ah! Je t'en prie.... Arrête.... Tu ne dois point sortir....

TIMOLÉON.

Laisse-moi : je veux sortir d'ici pour n'y rentrer jamais. Je veux souffrir la mort, la honte et tous les supplices avant que de voir Corinthe esclave... Eschyle, allons...

ESCHYLE.

Corinthe veut que nous restions ici; tu ne dois point en sortir...

DÉMARISTE.

Tu ne peux plus en sortir.

TIMOLÉON.

Qui m'en empêche ?

SCÈNE III ET DERNIÈRE.

TIMOPHANE, DÉMARISTE, TIMOLÉON, ESCHYLE.

TIMOPHANE.

Moi peut-être.... Je veux exercer contre toi la violence qu'un frère peut exercer contre son frère. Laisse-moi te serrer dans mes bras; que je rends de grâces au destin, aux dieux, à Eschile, à ma mère, de l'avoir sauvé !

TIMOLÉON.

Tu as donc encore exécuté un nouveau massacre ?... Ah ! oui : on lit dans tes yeux troublés l'indice d'un meurtre récent ! Cruel, tu as eu tort de me sauver.

TIMOPHANE.

Nous sommes tous dans un lieu de sécurité où personne au monde ne peut vous nuire, ou vous ne pouvez rien contre moi.

ACTE V, SCÈNE III.

TIMOLÉON.

Pense, pense bien, si nous ne pouvons pas encore te servir.

TIMOPHANE.

Vous le pouvez, en vous soumettant volontairement, et sans retard, à mon pouvoir; en donnant les premiers aux autres l'exemple de m'obéir.

ESCHYLE.

De t'obéir.

TIMOLÉON.

Nous, les premiers?

TIMOPHANE.

Oui, puisque tu refuses de partager l'empire avec moi. Je vous cédais peut-être, si vous aviez agi ouvertement. J'ai agi franchement avec vous : ma sincérité devait vous rendre sincères...

TIMOLÉON.

Tu as d'abord usurpé la force au moyen de la fraude : ensuite, il te fut facile de prodiguer ouvertement les outrages; et moi, pour te faire redevenir citoyen, je devais d'abord employer contre toi la force et jamais l'artifice.

ESCHYLE.

Et moi, ne t'ai-je pas dit hautement que tu m'aurais pour ennemi; et que sans être entourés de satellites, sans posséder aucune puissance, seuls, nous te serions cependant redoutables; et que tu devrais sans cesse être en garde contre nous?... Fûmes-nous, ou sommes-nous moins généreux que toi?

TIMOPHANE.

Vous m'avez dit tout cela; et maintenant vous en êtes amplement récompensés. Je me suis attaché à vous sauver seuls de ce dernier massacre, et vous êtes sauvés. C'est ainsi que j'ai voulu confondre davantage votre ingratitude; et ne pas troubler le bonheur de mon nouveau règne... Ne vous flattez plus d'aucune espérance. Les ténèbres de la nuit qui jusqu'ici ont prêté leur voile à vos coupables réunions, viennent de couvrir vos perfides amis pour la dernière fois. Votre avis ne leur parvint pas: le lieu consacré à leur trahison, où ils se réunissaient, ce lieu même vient de les voir périr tous en même temps.

TIMOLÉON.

Qu'entends-je!

ESCHYLE.

O ciel!

TIMOPHANE.

Les lettres que vous eûtes l'audace d'adresser à Mycènes, sont entre mes mains; les voici: elles sont déjà revenues: celui qui les portait a cessé de vivre aussi. En veux-tu savoir davantage? ces deux traîtres, qui tout à l'heure, erraient en armes, à l'entour de ma demeure, Ortagoras et Timée, ont aussi trouvé la mort qui leur était due... Et si cela ne te suffit pas, regarde autour de toi et tu ne verras qu'obéissance, que sang, que terreur. Pourquoi tardes-tu davantage à me céder? Que peux tu faire encore contre moi, si tu ne me cèdes?... Je vous ai bien convaincus que vous êtes les seuls ennemis qui me restent; et que je vous ai rendus aussi méprisables aux yeux des autres, que vous l'êtes aux miens.

TIMOLÉON.

Tu ne devrais pas nous laisser survivre aux autres. Je te le répète encore, tu n'as rien fait, si tu ne nous ôtes la vie.

ESCHYLE.

N'espère jamais nous recouvrer pour amis. Ni l'artifice ni le temps, ni la force ne peuvent nous réconcilier...

TIMOLÉON.

Ni même notre mère, telle que je la vois en ce moment silencieuse, et pleine d'orgueil et de honte.

ESCHYLE.

Ne me méprise pas... Désigne-moi le premier à la hache de tes bourreaux. Tu n'as pas encore goûté du sang de tes parens; l'essai pourra t'en plaire... Il ne te reste pas de sang plus nécessaire à répandre que le mien.

TIMOLÉON.

Fais-moi périr avant tout autre. C'est me faire un nouvel outrage que de m'épargner. Tu m'as enlevé tout ce que j'avais de plus cher, ta conduite m'a couvert d'une éternelle infamie; pourquoi tarder encore? Ote-moi la vie.

TIMOPHANE.

Je réserve une peine plus grande à vos cœurs obstinés; c'est de me voir sur le trône et de m'obéir.

TIMOLÉON.

Tu as donc résolu de ne pas nous ôter la vie.

TIMOPHANE.

J'ai résolu de vous mépriser.

TIMOLÉON.

Et tu régneras?

TIMOPHANE.

Je règne déjà!

TIMOLÉON.

Malheureux que je suis!... Tu le veux... qu'au moins je ne le voie pas.

(*Il se couvre le visage de son manteau*).

ACTE V, SCÈNE III.

ESCHYLE.

Meurs donc, tyran.

DEMARISTE.

O ciel! Ah! mon fils!

TIMOPHANE.

Ah! traître!... Je... meurs...

TIMOLÉON.

Donne-moi ce fer, la patrie est sauvée.

ESCHYLE.

Ah! vis pour la patrie.

DÉMARISTE.

Gardes, accourez... (*Les gardes accourent*)... Saisissez le traître...

TIMOPHANE.

Non, ma mère...

TIMOLÉON.

Donne-moi ce fer; que je...

ESCHYLE.

Non, jamais...

TIMOPHANE.

Soldats, éloignez-vous; je l'ordonne.. désormais l'on ne doit plus verser de sang.

DEMARISTE.

Qu'Eschyle périsse...

TIMOPHANE.

Ne tournez vos armes contre personne.. Je le défends expressément... Sortez, je le veux. (*Les soldats s'enéloignent.*)

DEMARISTE.

Et toi frère cruel et dénaturé... Mais, ô ciel! tu pleures?...

TIMOPHANE.

J'ai voulu le sceptre ou la mort; mais j'ai voulu en même temps te sauver, ô mon frère... Ton bras devait au moins me donner la mort, lui qui autrefois m'en a garanti; il m'eût été moins cruel de mourir de ta main...

ESCHYLE.

Il naquit ton frère, il n'en est pas de même de moi, il lui appartenait seulement de donner le signal; c'était à moi de frapper.

DEMARISTE.

Barbares!... Vous qu'il ne voulut pas faire périr...

TIMOPHANE.

Par pitié! Ne lui adresse plus de reproches; ô ma mère, sa douleur n'est déjà que trop grande; vois, des flots de larmes inondent ses yeux... Je te pardonne, mon frère; pardonne-moi aussi... Je meurs plein d'admiration pour ta vertu... Si je n'avais pas entrepris... d'asservir la patrie... j'aurais entrepris de lui rendre la liberté... C'est de toutes les gloires... la première... D'ailleurs, je le vois bien, ce n'est pas l'amour insensé de la gloire qui t'a entraîné à immoler ton frère, ce sont les nobles sentimens d'un citoyen qui t'y ont entraîné... Je te recommande notre mère... Toi, ma mère, reconnais en lui un véritable fils... et un homme... au-dessus de la nature humaine...

TIMOLÉON.

Il meurt! Que je suis malheureux!... Ma mère, c'est toi qui m'as entrainé ici malgré moi... O mon frère, bientôt je te suivrai.

ESCHYLE.

Par pitié...

DEMARISTE.

Mon fils!...

TIMOLÉON.

Pourquoi vivrais-je? pour les remords... pour les larmes... Déjà, je sens les furies vengeresses qui agitent mon sein.. Il n'y a plus de paix possible pour moi...

ESCHYLE.

Par pitié! Ecoute-moi; tu ne dois pas refuser du moins les premiers secours à la patrie en danger...

TIMOLÉON.

Je dois me dérober aux regards de tous les hommes; et fuir désormais la lumière du soleil... Si ce n'est le fer, c'est la douleur qui terminera mes jours.

DEMARISTE.

Malheureuse!... O ciel! que faire? j'ai

perdu un fils... Et je ne conserverai pas l'autre...

TIMOLÉON.

O ma mère !

ESCHYLE.

Ah ! viens ; arrachons-nous à ce spectacle douloureux... Timoléon, tu dois convaincre le monde, que ce n'est pas le frère, mais le tyran que tu as immolé.

FIN DU CINQUIEME ET DERNIER ACTE.

PHILIPPE II,

TRAGÉDIE EN CINQ ACTES,

TRADUITE EN FRANÇAIS,

PAR M. ALPHONSE TROGNON.

PERSONNAGES.

PHILIPPE.
ISABELLE.
CARLOS.
GOMEZ.
PEREZ.
Conseillers.
Gardes.

La scène est à Madrid, dans le palais de l'Escurial.

ACTE PREMIER.

SCÈNE PREMIÈRE.

ISABELLE.

Désir, crainte douteuse, et criminelle espérance, fuyez désormais de mon de cœur ! Moi, l'épouse infidèle de Philippe, moi, j'ose aimer le fils de Philippe !... Mais qui peut le voir et ne pas l'aimer ? Un cœur aussi humain que courageux, une noble fierté, un esprit sublime et l'âme la plus noble sous l'extérieur le plus séduisant. Ah ! pourquoi la nature et le ciel t'ont-ils fait tel ? Hélas ! que dis-je ? est-ce ainsi que j'essaye d'arracher de mon cœur son image enchanteresse ? Oh ! si jamais quelque mortel venait à soupçonner une pareille flamme ! si lui-même la soupçonnait ! Il me voit toujours triste... Triste, il est vrai, mais en même temps il me voit fuir sa présence ; et il sait que toute joie est bannie de la cour d'Espagne. Qui peut lire dans mon cœur ? Ah ! puissé-je l'ignorer, comme les autres l'ignorent ! Puissé-je comme eux m'abuser et me fuir moi-même!... Malheureuse! il ne me reste d'autre soulagement que les larmes, et les larmes sont un crime... Mais allons porter ma douleur dans des lieux plus reculés; plus libre... Que vois-je? Carlos! Ah! fuyons; chacune de mes paroles, chacun de mes regards pourrait me trahir. O ciel! fuyons.

SCÈNE II.

CARLOS, ISABELLE.

CARLOS.

Que vois-je? Eh quoi? reine, tu m'évites aussi? Tu fuis aussi un malheureux opprimé.

ISABELLE.

Prince...

CARLOS.

La cour de mon père est tout entière mon ennemie, je le sais. La haine, l'aigreur, la basse jalousie trop mal dissimulée, se peignent devant moi sur tous les visages. Dois-je m'étonner quand je suis repoussé de mon père, de mon roi? Mais toi qui fus toujours étrangère à de pareils sentimens; toi qui est née sous un ciel moins dur, et dont le cœur ne s'est pas encore altéré parmi cet air corrompu, croirai-je que sous des traits aussi charmans, aussi majestueux, tu caches une âme ennemie de la pitié ?

ISABELLE.

Tu sais quelle vie je traîne au milieu de ce palais. Les usages d'une cour austère, nouveaux pour moi, n'ont pas encore entièrement effacé de mon cœur ce premier amour du sol natal, qui a tant de pouvoir sur nous. Je connais toutes les peines et tous les injustes outrages que tu souffres, et je m'en afflige...

CARLOS.

Tu t'en affliges? ô bonheur! Voici un mot qui répand un doux oubli sur tous mes chagrins. Et moi aussi je partage tes chagrins; souvent je laisse de côté mes souffrances pour pleurer sur ton sort cruel, et je voudrais...

ISABELLE.

Le temps adoucira notre sort, je l'espère. Mes maux ne sont pas à comparer aux tiens, n'en aies pas un si vif chagrin.

CARLOS.

Ma pitié t'offense, quand la tienne est la vie pour moi.

ISABELLE.

Tu mets un trop haut prix à ma pitié.

CARLOS.

Un trop haut prix? Ah! que dis-tu? et quel sentiment y a-t-il qui soit égal ou supérieur à ce doux frémissement de compassion qu'éprouve en soi toute âme élevée; qui suffit pour consoler des outrages de la fortune, et ne permet plus de donner le nom de malheureux à ceux qui soulagent leur douleur commune par des larmes communes?

ISABELLE.

Que dis-tu? oui, j'ai pitié de ton sort... mais... ô ciel?... Non certes, je ne suis pas une marâtre pour toi. Si j'osais parler à un père courroucé pour son fils innocent, tu verrais...

CARLOS.

Et qui l'oserait? quand tu l'oserais toi-même, te conviendrait-il de le faire? O cruelle nécessité!... toi seule est la cause, quoiqu'innocente, de toute mon infortune, et cependant tu ne peux rien en ma faveur.

ISABELLE.

Moi, la cause de tes souffrances?

CARLOS.

Oui, mes souffrances remontent toutes à ce jour cruel, où tu me fus donnée pour épouse et ravie en même temps.

ISABELLE.

Dieu! que rappelles-tu? cette espérance fut trop passagère...

CARLOS.

Cette espérance, partie la meilleure de mon être, cette espérance crut en moi avec les années : mon père l'entretenait ; ce même père à qui il plut ensuite de rompre des nœuds solennels...

ISABELLE.

Eh quoi!...

CARLOS.

Sujet et fils d'un maître absolu, je souffris et je me tus ; je pleurai, mais ce fut dans mon cœur ; sa volonté fut la loi de la mienne : il devint ton époux ; et combien je frémis de me taire et d'obéir! Qui peut le savoir comme moi? Tant de vertu, car c'était la vertu, c'était un effort plus qu'humain, me rendait fier en même temps que triste. Devant mes yeux était toujours mon redoutable devoir dans toute son étendue ; et le ciel qui connaît nos pensées les plus intimes, sait si je fus coupable même par la pensée. Je passais dans les larmes les jours et les nuits lentes à s'écouler, et que m'en revenait-il? La haine croissait contre moi dans le cœur de mon père, à mesure que croissait dans le mien la douleur.

ISABELLE.

Crois-moi, ce n'est pas la haine que renferme le cœur de ton père, mais c'est le soupçon. La foule des courtisans qui te hait, et qui s'irrite d'autant plus de ton mépris, qu'elle le mérite davantage, éveille peut-être le soupçon dans le sein paternel.

CARLOS.

Ah! tu ne sais pas quel est mon père, et veuille le ciel que tu l'ignores toujours! Tu ne connais pas les perfides intrigues de cette cour infâme. Un cœur vertueux ne peut les croire, bien moins les imaginer. Cruel, plus cruel que tous ceux qui l'entourent, Philippe est mon plus grand ennemi; c'est lui qui sert de règle à la foule de ses esclaves. Il s'indigne d'être mon père, si toutefois il se souvient de l'être. Quoiqu'il en soit, je n'oublie pas que je suis son fils; mais si je pouvais un jour l'oublier et donner un libre cours à ma douleur long-temps réprimée, jamais, non jamais il ne m'entendrait me plaindre de la perte de mes honneurs, ni des outrages faits à ma réputation, ni de la haine sans exemple d'un père dénaturé; ce serait d'un plus grand dommage que je me plaindrais... Il m'a tout ravi le jour où il t'a ravie à ma tendresse.

ISABELLE.

Prince, te souviens-tu si peu qu'il est ton père et ton roi?

CARLOS.

Ah! daigne excuser les transports involontaires d'un cœur qui a besoin de se soulager. Jusqu'ici je n'ai jamais pu t'ouvrir mon âme tout entière.

ISABELLE.

Et tu ne devais jamais me l'ouvrir, et moi jamais...

CARLOS.

Arrête, par pitié, si tu as écouté une partie de mes peines, daigne écouter le reste: il m'est nécessaire de dire...

ISABELLE.

Ah! c'en est assez, laisse-moi.

CARLOS.

Hélas! je me tairai, mais combien il m'en reste à dire! Une dernière espérance...

ISABELLE.

Et quelle espérance as-tu, qui ne soit un crime?

CARLOS.

..... L'espérance.... que tu ne me hais point.

ISABELLE.

Je dois te haïr, tu le sais.., si tu oses m'aimer...

CARLOS.

Hais-moi donc, accuse-moi, toi-même, devant ton époux.

ISABELLE.

Moi, prononcer ton nom devant mon époux?

CARLOS.

Si tu me regardes comme coupable?

ISABELLE.

Es-tu le seul coupable?

CARLOS.

Ton cœur daigne donc encore...

ISABELLE.

Ah! qu'ai-je dit? Malheureuse! ou j'en ai trop dit, ou tu en as trop entendu. Pense un instant qui je suis, pense qui tu es. Nous méritons le courroux du roi; moi, si je t'écoute, toi, si tu poursuis.

CARLOS.

Ah! si ton cœur brûlait du même feu qui me brûle et me consume; si mille fois le jour tu voyais l'objet aimé dans les bras d'un autre; combien alors serait légère à tes yeux l'erreur d'un infortuné qui va poursuivant sans cesse le bien qu'il a perdu, qui cherche à satisfaire ses regards, et quelquefois, comme je le fais, demande pour son cœur affligé la courte et innocente consolation de quelques paroles.

ISABELLE.

Fuis-moi, par pitié, fuis-moi... abandonne même ce palais tant que j'y respirerai, et ce sera encore trop peu...

CARLOS.

O ciel! et crois-tu que je puisse ainsi me soustraire au courroux de mon père? ce serait un nouveau crime pour moi que le malheureux essai de ma fuite, et mon père m'impute déja assez de crimes. Le seul dont je suis coupable, il l'ignore.

ISABELLE.

Puissé-je ne pas le connaître!

CARLOS.

Si mes paroles t'ont offensée, tu en seras vengée, et bientôt. Laisse-moi dans ce palais: si la douleur ne me conduit pas au tombeau, la haine et le ressentiment de mon père m'y conduiront. Ma sentence de mort est écrite au fond de son cœur altéré de sang. Ah! souffre que dans cet horrible palais qui cependant m'est cher, puisque tu l'habites, souffre que j'y rende l'âme auprès de toi...

ISABELLE.

O spectacle affreux!.. Tant que tu resteras ici, je ne tremblerai que trop pour toi. Une voix secrète fait retentir dans mon cœur le présage de ta malheureuse destinée... Ecoute la première et en même temps la dernière preuve d'amour que je te demande, s'il est vrai que tu m'aimes, c'est de te dérober à la cruauté de ton père.

CARLOS.

O reine! la chose est impossible.

ISABELLE.

Fuis-moi donc maintenant plus qu'autrefois! Sauve ma réputation de toute atteinte, sauve en même temps la tienne. Justifie-toi ainsi des crimes que t'impute faussement l'envie déchaînée contre toi : vis, je te l'ordonne, vis. Que seulement ma vertu me reste dans toute sa pureté : mes pensées, mon cœur, mon âme, te suivront en dépit de moi-même : mais perds la trace de mes pas, et fais que je ne t'entende plus, jamais plus. Puisqu'ici le ciel est le seul témoin de notre faute, cachons-la au monde entier, cachons-la à nous-mêmes, et que le souvenir en soit pour jamais arraché de ton cœur, si tu le peux.

ACTE I, SCÈNE IV.

CARLOS.

Ainsi tu ne m'écoutes plus, plus jamais...
(*Carlos veut la suivre, elle le lui défend d'un ton absolu.*)

SCÈNE III.

CARLOS.

INFORTUNÉ que je suis !... Jour cruel ! Elle m'abandonne ainsi ! Que mon sort est affreux ! Je suis à la fois heureux et malheureux...

SCÈNE IV.

CARLOS, PEREZ.

PEREZ.

JE te cherchais, prince... Mais, ô ciel ! d'où vient ce trouble ? Oh ! qu'arrive-t-il ? Tu sembles hors de toi-même... Ah ! parle, je partagerai ta douleur.... Mais tu gardes le silence. N'ai-je pas vécu à tes côtés dès tes plus tendres années ? Ne m'as-tu pas toujours nommé ton ami ?...

CARLOS.

Et tu oses dans ce palais prononcer un semblable nom ? Ce nom toujours proscrit par une cour méprisable, quoique souvent on l'y entende. Ton dévouement ne peut désormais que t'être funeste sans m'être utile. Cède, cède au torrent; suis aussi la foule inconstante, et présente avec elle ton encens et tes vœux à l'idole qui règne ici.

PEREZ.

Ah! ne m'avilis pas ainsi; distingue-moi de cette foule perfide. Moi, je pourrais..... Mais à quoi bon les sermens ici, ici où chacun fait des sermens et les trahit ensuite. Mets mon cœur et ma main à une épreuve plus certaine. Eh bien! dis-moi, quel péril dois-je affronter pour toi? Où est l'ennemi qui t'offense le plus? parle.

CARLOS.

Je n'ai d'autre ennemi que mon père, car je ne veux pas honorer d'un pareil nom ses vils esclaves, et je ne le dois pas. J'oppose à mon père le silence, aux autres le mépris.

PEREZ.

Mais le roi ne sait pas la vérité : telle est la cause de l'injuste courroux qui l'enflamme contre toi, et que les autres prennent soin d'éveiller en lui. Je vais le premier lui dire pour toi....

CARLOS.

Perez, que dis-tu? Plus que tu ne crois, le

roi sait la vérité, il l'abhorre bien plutôt qu'il ne l'ignore, et jamais il n'écoute aucune voix en ma faveur....

PEREZ.

Ah! il ne sera pas sourd à celle de la nature.

CARLOS.

Il a un cœur de fer, un cœur impitoyablement fermé pour moi. Laisse le soin de me défendre à mon innocence et au ciel, qui parfois daigne jeter sur l'innocence un regard bienveillant. Si j'étais coupable, tu es le seul intercesseur que je ne dédaignerais pas. Quelle plus grande preuve d'amitié puis-je te donner?

PEREZ.

Permets-moi de partager ton destin, quel qu'il soit. Je ne te demande que cela et rien de plus. C'est le seul parti honorable qui reste dans cette horrible cour.

CARLOS.

Mais ne sais-tu pas que mon destin, quel qu'il soit, ne peut jamais être heureux?

PEREZ.

Je suis ton ami, non pas celui de ta fortune. Ah! s'il est vrai que la douleur devienne moindre quand elle est partagée, tu m'auras pour le compagnon inséparable de toutes tes peines.

CARLOS.

Je renferme dans mon cœur une douleur profonde qui me conduit au tombeau, et qui cependant m'est chère. Hélas! pourquoi ne puis-je te la confier?...... Ah! je ne cherche point, je ne connais point un ami plus généreux que toi, et cependant je ne puis te donner un gage de ma sincère amitié en t'ouvrant mon cœur. Hélas! je ne le puis pas. Abandonne-moi donc; que retirerais-tu d'une fidélité si grande et si mal placée? je ne la mérite pas; je te répète encore, laisse-moi. Ne sais-tu pas que c'est un crime horrible de conserver sa foi à un homme chargé de la haine de son souverain?

PEREZ.

Mais toi, ne sais-tu pas quelle gloire il y a de la conserver en dépit de tous les rois? Tes doutes déchirent mon cœur et ne le changent pas. Tu caches dans ton sein un chagrin mortel que tu ne peux me confier; je ne veux pas le savoir. Mais si je désire que ta douleur me conduise avec toi dans la tombe, si je te le demande, pourras-tu durement me le refuser?

CARLOS.

Tu le veux donc, tu le veux : voici ma main. Je te donne ce gage malheureux d'une amitié malheureuse ; je te plains, mais désormais je n'accuse plus mon destin, ni le ciel qui me donne un si rare ami. Ah Philippe, combien je suis moins infortuné que toi ! Tu es plus digne de pitié que d'envie ; au milieu des vaines pompes et de l'adulation mensongère, tu ne connus jamais les saints nœuds de l'amitié.

FIN DU SECOND ACTE.

ACTE II.

SCÈNE PREMIÈRE.

PHILIPPE, GOMEZ.

PHILIPPE.

Gomez, quelle chose estimes-tu le plus au monde ?

GOMEZ.

Ta faveur.

PHILIPPE.

Quel est le moyen, selon toi, de la conserver ?...

GOMEZ,

Le moyen, qui me l'a fait obtenir ; obéir et me taire.

PHILIPPE.

Eh bien ! Aujourd'hui, tu dois faire l'un et l'autre.

GOMEZ.

Ce n'est pas un devoir nouveau pour moi ; tu sais que je...

PHILIPPE.

Tu fus toujours, je le sais, le plus fidèle

l'entre mes fidèles; mais dans ce jour où je roule une grande pensée en mon esprit, peut-être aurai-je à te confier un soin si important et si nouveau que j'ai voulu, d'abord, te rappeler ton devoir en peu de paroles.

GOMEZ.

Le grand Philippe pourra donc me mieux connaître aujourd'hui.

PHILIPPE.

Ce que je vais t'ordonner, sera facile pour toi, pour toi seul; pour un autre homme jamais... La reine viendra ici dans un moment, et tu m'entendras parler longuement avec elle; pendant ce temps là, observe et remarque le plus léger mouvement de sa figure; fixe sur elle ton regard scrutateur, ce regard avec lequel tu as su souvent, dans les plus profonds replis du cœur de ton roi, lire ses volontés même les plus secrètes pour les exécuter en silence.

SCÈNE II.

PHILIPPE, ISABELLE, GOMEZ.

ISABELLE.

Philippe, je me rends à tes ordres.

PHILIPPE.

Reine, un puissant motif veut que je t'appelle...

ISABELLE.

Et lequel?...

PHILIPPE.

Tu l'apprendras bientôt... Puis-je espérer de toi?... Mais quel est ce doute? Qui plus que toi pourrait me donner un conseil sincère et désintéressé?

ISABELLE.

Moi te conseiller!

PHILIPPE.

Oui, j'estime plus ton avis que celui de tout autre; et si jusqu'ici tu ne partageas pas avec moi les soins de mon empire, tu ne dois pas l'attribuer au peu d'amour de ton époux, ni à la moindre défiance de ton roi; seulement, j'ai voulu tout-à-fait te soustraire à ces pensées du trône, trop sévères pour ton sexe. Mais, pour mon malheur, le jour est arrivé, où les intérêts de l'état se trouvent tellement confondus avec ceux de ma famille que tu es devenue le premier de mes conseillers... Mais avant tout, je désire apprendre de toi quel est, à tes yeux, le plus redoutable, le plus vénérable, le plus sacré, du nom de père, ou de celui de roi.

ACTE II, SCÈNE II.

ISABELLE.

Tous deux sont également sacrés ; qui l'ignore ?

PHILIPPE.

Quelqu'un peut-être, quelqu'un qui mieux qu'un autre devrait le savoir... Mais dis-moi en outre, avant que j'en vienne au fait, et dis-moi la vérité : Carlos, mon fils..., l'aimes-tu ? ou le hais-tu ?...

ISABELLE.

...Seigneur...

PHILIPPE.

Je te comprends déjà. Si tu écoutes les affections de ton cœur et non la voix de ta vertu, pour lui tu te sens... une marâtre.

ISABELLE.

Ah ! non ; tu te trompes : le prince....

PHILIPPE.

Il t'est donc cher : tu as donc en toi une si grande vertu, qu'épouse de Philippe, tu aimes cependant le fils de Philippe, d'un amour... maternel...

ISABELLE.

...Tu es la seule règle de mes pensées. Tu l'aimes... ou du moins je le crois... et de la même manière, moi aussi... je l'aime.

PHILIPPE.

Puisque ton cœur, si noble et si grand, ne

renferme pas les sentimens d'une marâtre, et n'éprouve point l'aveugle tendresse d'une mère, je veux te faire juge de mon fils...

ISABELLE.

Qui ? Moi ?...

PHILIPPE.

Ecoute-moi..., Carlos, pendant plusieurs années, fut l'unique objet de toutes mes espérances, avant qu'il se fût écarté du sentier de la vertu, qu'il eût trahi toutes ces hautes espérances... O combien de fois depuis, j'ai cherché, en mon cœur paternel, des excuses aux fautes répétées d'un fils indocile ! Mais aujourd'hui, son audace téméraire et insensée excède toute mesure, et je dois, il n'est que trop vrai, user de moyens violens. A tous ses autres crimes il en ajoute un nouveau, mais un crime tel, qu'aucun autre n'en approche ; tel que les paroles me manquent pour l'exprimer. Il me fait un outrage qui n'a pas d'égal; tel qu'un père ne peut l'attendre d'un fils ; tel que le coupable n'est déjà plus un fils à mes yeux... Mais quoi ? tu frémis toi-même avant de le savoir... Tu vas l'entendre et tu frémiras bien davantage... Depuis plus d'un lustre, sur des bords ensevelis sous les eaux de l'océan, un peuple misérable, au sein d'une terre marécageuse, ose résister à mon pouvoir. Rebelles à Dieu, non moins qu'à leur prince, ils font d'une de leurs perfidies un rempart à l'autre. Tu sais combien d'or, de sueurs, de sang inutile une telle guerre coûte à ce royaume; aussi, dussé-je perdre le trône et la vie, jamais je ne laisserai cette vile nation marcher fière et impunie de sa criminelle audace. Je jure d'immoler, en victime au ciel offensé, cette race sacrilège; et il faudra bien qu'ils meurent puisqu'ils ne savent pas obéir... A présent qui me croirait, si je disais qu'à des ennemis aussi cruels, aussi perfides, je dois joindre, hélas! mon propre fils, mon unique fils?...

ISABELLE.

Le prince!...

PHILIPPE.

Oui, le prince; des lettres et des messages secrets interceptés, et son langage hautement séditieux, ne m'en assurent que trop. Ah! juge par toi-même, quelle est la position d'un roi trahi et d'un père malheureux, ainsi que je le suis, et prononce pour moi quel sort doit être justement réservé à un fils aussi coupable.

ISABELLE.

..... Malheureuse que je suis !.... Tu veux que je fixe le destin de ton fils ?...

PHILIPPE.

Oui, désormais tu en es l'arbitre, tu ne dois ni craindre le roi, ni flatter le père : prononce.

ISABELLE.

Je ne crains rien, que de blesser la justice. Souvent, du haut du trône, on ne distingue pas l'innocent du coupable...

PHILIPPE.

Mais, peux-tu douter de ce que t'affirme le roi ? Qui plus que moi désire qu'il ne soit pas criminel ? Ah ! si ces imputations inouïes pouvaient êtres fausses !

ISABELLE.

Tu l'as donc déjà convaincu.

PHILIPPE.

Eh ! qui pourrait jamais le convaincre ? Fier, superbe, il dédaigne d'opposer, non-seulement des raisons, mais des prétextes même à des preuves évidentes. Je n'ai pas voulu lui parler de sa nouvelle trahison avant d'avoir un peu calmé le premier mouvement de mon indignation ; mais la froide raison d'état ne se tait pas en moi, parce que a colère se tait... O ciel! mais j'entends encore dans mon cœur la voix de la nature.

ISABELLE.

Ah! veuille écouter cette voix : c'en est une que nulle autre ne saurait égaler. Qui sait s'il n'est pas bien moins coupable?.. Et comment supposer qu'il le soit à ce point. Mais, quel qu'il soit, entends-le aujourd'hui toi-même. Qui plus qu'un fils peut implorer le père pour le fils! S'il fut hautain quelquefois avec des hommes qui, je dois le dire, ne furent pas toujours ses amis, certes il ne sera jamais hautain avec toi; prête-lui l'oreille et cesse de tenir ton cœur fermé aux doux sentimens d'un père. Tu ne l'appelles jamais à toi, et jamais tu ne t'entretiens avec lui. Il s'approche de toi, toujours rempli d'une vague terreur; et au milieu d'un silence dur et fatal, la défiance s'accroît et l'amour diminue. Réveille en lui sa première tendresse, si toutefois elle est assoupie; car elle ne peut pas être éteinte dans celui qui est ton fils : ne remets pas à autrui tes soins paternels. Montre-lui le visage d'un père, et réserve pour les autres la sévère majesté d'un roi. Que n'obtient-on pas d'un cœur généreux, avec de généreux procédés? Te paraît-il coupable de quelque crime? Qui n'est sujet à l'erreur ! Seul alors, témoigne lui à lui seul ta juste colère. La colère d'un père est bien douce; et cependant quel fils peut ne pas en trembler ? Un mot de toi, un seul mot vraiment paternel, doit éveiller plus de remords dans son noble cœur, et y laisser moins d'aigreur, que toutes les paroles dures et outrageantes que la malice peut dicter à autrui. Que la cour toute entière apprenne que tu aimes et estimes ton fils; que tu regardes la témérité de sa jeunesse, comme digne en même temps de blâme et d'excuse; et soudain, alors tu entendras de tous côtés la cour retentir de ses louanges. Bannis de ton cœur un soupçon qui ne vient pas de toi; laisse aux rois qui méritent d'être trahis, la lâche terreur d'une infâme trahison.

PHILIPPE.

... C'est une œuvre digne de toi, et digne de toi seule, que de faire qu'un cœur paternel entende la voix de la nature. Ah ! c'est ce que ne font pas les autres. O triste sort des rois ! Il ne nous est pas permis de suivre les affections de notre cœur, pas même de les manifester; de les manifester, que dis-je ? ni même de les laisser entrevoir; les taire, les dissimuler, le plus souvent, est nécessaire... Mais le temps vient ensuite, que nous les exhalons librement et sans réserve... Bien plus que tu ne penses, les paroles me font voir les choses dans tout leur jour... Ah! le prince me paraît presque innocent, puisque tu le crois innocent... Gomez, qu'il vienne sur-le-champ.

SCÈNE III.

PHILIPPE, ISABELLE.

PHILIPPE.

Tu vas voir à l'instant que je sais encore me montrer père; je souffrirais plus que lui si un jour je devais me montrer dans la majesté d'un roi offensé.

ISABELLE.

Je te crois sans peine, mais il vient, souffre que je porte ailleurs mes pas.

PHILIPPE.

Non, reste.

ISABELLE.

J'ai osé t'exposer ma pensée, parce que tu me l'as commandé; pourquoi resterais-je désormais? Une marâtre serait un témoin inutile entre le père et le fils...

PHILIPPE.

Inutile? ah! tu te trompes, tu m'es ici un témoin nécessaire. Tu as seulement le nom de marâtre, et ce nom, tu peux aussi l'oublier... Ta présence lui sera agréable. Le voici : qu'il sache que tu te rends caution de sa haute vertu, de sa fidélité et de son amour.

SCÈNE IV.

PHILIPPE, ISABELLE, CARLOS, GOMEZ.

PHILIPPE.

Prince, approche-toi... Dis-moi, quand viendra le jour où je pourrai t'appeler du tendre nom de fils? Tu verrais en moi, si tu le voulais, toujours confondus les noms de père et de roi : mais pourquoi au moins, depuis que tu n'aimes plus le père, ne crains-tu pas le roi?

CARLOS.

Seigneur, ce reproche mortel est toujours nouveau pour moi, bien que je l'aie souvent entendu; mais aussi le silence que j'y oppose n'est pas nouveau; car si je te parais coupable, assurément je ne le suis pas. Il est vrai que je n'éprouve encore aucun remords dans mon cœur, mais j'y ressens une douleur profonde d'être coupable à tes yeux. Hélas! puissé-je savoir la véritable cause de mes malheurs, ou, si tu l'aimes mieux, de mes fautes !

PHILIPPE.

L'amour... dont tu as si peu pour ta patrie, dont tu manques pour ton père, et ta docile complaisance à écouter des flatteurs artificieux... Ne cherche pas une autre cause à tes fautes.

CARLOS.

Je me réjouis au moins de ce que tu ne les as pas attribuées à la perversité de ma nature. Je puis donc encore réparer le passé, apprendre ce que c'est que la patrie ; comment on doit l'aimer, combien je dois aimer un père ; et les moyens dont je pourrai user pour bannir les flatteurs qui te dressent d'autant plus de pièges que tu es plus puissant que moi.

PHILIPPE.

Tu es jeune ; on lit facilement dans ton cœur, dans tes actions et sur ton visage, que tu présumes de toi bien au-delà de ce que tu devrais. Je pourrais attribuer tes fautes à ton âge ; mais avec l'âge, je vois diminuer ta sagesse, bien loin qu'elle s'accroisse. L'erreur dont tu es coupable aujourd'hui, je l'appelerais volontiers un égarement de jeunesse, bien que peut-être tu montres une malice déjà vieillie...

CARLOS.

Une erreur!... et laquelle?...

PHILIPPE.

Et tu le demandes?.. Et ne sais-tu donc pas que non-seulement tes actions imprudentes, mais encore tes pensées, tes pensées les plus secrètes, me sont connues? — Reine, tu le vois, ce qu'il y a de pire en lui, ce n'est point d'être coupable, c'est de ne pas le sentir.

CARLOS.

Mon père, mets donc enfin un terme à mon incertitude: dis-moi, qu'ai-je fait?

PHILIPPE.

As-tu donc tant de crimes à te reprocher, que tu ne saches pas maintenant du quel je veux parler?... Ecoute... dans ces lieux où le foyer impie de l'erreur allume les flammes les plus séditieuses, n'y as tu pas de secrètes intelligences? Dans mon palais... furtivement et avant que le jour ne se levât... n'as-tu pas donné une longue et coupable audience à l'ambassadeur des Bataves rebelles; à ce misérable, qui, si tu en crois ses paroles, vient implorer le pardon; mais qui porte dans son cœur la perfidie et l'espérance de voir sa trahison impunie.

ACTE II, SCÈNE IV.

CARLOS.

Mon père, se peut-il que l'on me fasse un crime de la moindre de mes actions? Il est vrai que je me suis entretenu longuement avec l'ambassadeur; il est vrai que j'ai plaint avec lui la destinée de cette portion de tes sujets; et au besoin, j'oserais en faire autant devant toi; et peut-être toi-même ne serais-tu pas éloigné de les plaindre, si tu connaissais le règne de fer sous lequel ils gémissent depuis tant d'années, oprimés par des ministres cruels, insolens, avares, craintifs, sans expérience et toujours impunis? Mon cœur est rempli de pitié pour leurs maux; je ne le nie pas; et toi, mon père, tu voudrais que moi, le fils de Philippe, j'eusse une âme vulgaire, une âme lâche ou cruelle? L'espoir que j'eus de r'ouvrir ton cœur à la pitié, en te disant la vérité, a peut-être été téméraire aujourd'hui; mais comment puis-je offenser mon père, en le supposant capable de pitié? Si tu es sur la terre la véritable image du souverain des cieux, qui peut te rapprocher de lui, si ce n'est la compassion? —Mais cependant, si ma conduite te paraît criminelle, si elle l'est en effet, tu es l'arbitre de mon châtiment. Je ne te demande qu'une chose, c'est de n'être pas appelé traître.

PHILIPPE.

.... Toutes tes paroles respirent une noble fierté... mais tu ne peux pas, tu ne dois pas chercher mal à propos à pénétrer les hautes pensées de ton roi. Songe donc à modérer la bouillante ardeur de ta jeunesse, ainsi que cet impatient désir de donner des conseils qu'on ne te demande pas, et d'exposer tes pensées comme la règle de la sagesse. Si le monde doit te voir et te respecter un jour sur le premier trône de l'Europe, apprends à être prudent. Cette même fougue qui plaît en toi maintenant, serait alors un grave sujet de reproche. Mais il est temps, il me semble, de changer à présent de langage.... Tu as cherché en moi de la pitié, et tu y trouveras de la pitié, mais pour toi seul; tous n'en sont pas dignes : laisse-moi seul juge de mes actions. La reine m'a tout à l'heure parlé longuement en ta faveur, et ce n'a pas été en vain : elle te croit encore digne de mon amour, digne du sien.... A elle, plus qu'à moi, tu es redevable du pardon que je t'accorde... oui, à elle. Toutefois, dès-ce jour, j'espère que dans l'avenir tu sauras mieux apprécier, et mieux mériter mes bonnes grâces. Tu le vois, reine, je me soumets à toi, j'apprends de toi, non pas seulement à l'excuser, mais aussi à le bien aimer.

ISABELLE.

.... Seigneur....

PHILIPPE.

Je te le dois, et je le dois à toi seule. Pour toi, j'ai réprimé mon courroux aujourd'hui; et j'ai parlé à mon fils le doux langage d'un père. Puissé-je n'avoir jamais à m'en repentir!... O mon fils, songe à ne pas trahir l'espoir qu'elle a formé, et à te rendre encore plus agréable à ses yeux.... Et toi, reine, pour que, de jour en jour, il devienne meilleur, vois-le plus souvent.... parle-lui.... sers-lui de guide.... Et toi, tu l'écouteras, sans la fuir.... Je le veux.

CARLOS.

O combien le mot de pardon m'est dur! Mais, cependant si je dois l'accepter de mon père, et si c'est ta faveur, ô reine, qui me l'a fait obtenir, ah! veuille le destin, qui est mon seul crime, ne plus jamais me faire descendre à une telle honte.

PHILIPPE.

N'aies pas honte de l'obtenir; rougis bien plutôt de l'avoir mérité de ton père. Mais il suffit; profite de mes avis. Et toi, reine, retourne aussi à tes appartemens; tu m'y reverras bientôt: j'ai quelques momens à donner à d'autres soins importans.

SCÈNE V.

PHILIPPE.

Tu as entendu ?

GOMEZ.

J'ai entendu.

PHILIPPE.

Tu as vu ?

GOMEZ.

J'ai vu.

PHILIPPE.

O rage, ainsi donc le soupçon....

GOMEZ.

Est désormais une certitude.

PHILIPPE.

Et Philippe est encore sans vengeance !

GOMEZ.

Songe....

PHILIPPE.

J'ai songé.... Suis-moi.

FIN DU DEUXIÈME ACTE.

ACTE III.

SCÈNE PREMIÈRE.

CARLOS, ISABELLE.

CARLOS.

Excuse, je t'en supplie, excuse ma nouvelle audace : si je t'ai fait demander par ton Elvire une courte audience à une heure aussi avancée et aussi contraire aux usages, c'est qu'un important motif me le commandait.

ISABELLE.

Que veux-tu?... pourquoi ne pas me laisser à moi-même ? pourquoi m'ôter encore la paix que je n'ai pas?... Pourquoi suis-je venue ?

CARLOS.

Ah ! ne t'irrite point ; je vais te laisser à l'instant. Sort affreux ! je te laisse, pour retourner à mes larmes accoutumées. Écoute-moi. Ici tu as osé aujourd'hui parler devant mon père en ma faveur : tu as fait une grande faute ; je viens te le dire ; et plaise au ciel, que seul, j'en supporte la peine ! Il a pompeusement déployé une pitié sévère, et m'a accordé un pardon, toujours en lui, le gage du ressentiment le plus cruel. C'est un grave outrage pour un tyran, que le langage d'un cœur compatissant. Dans l'excès de ta bonté, tu ne t'en es pas souvenue; je viens pour te le rappeller, et te dire en même-temps, que chez lui, la pitié est le prélude de toute espèce de cruauté. La terreur, que je ne connus jamais jusqu'ici, dès cet instant, possède mon cœur. O ciel!... je ne sais : mais il me tenait un langage nouveau, il me montrait une affection extraordinaire.. Je t'en conjure, ne lui parle plus jamais de moi.

ISABELLE.

C'est lui qui le premier a prononcé ton nom et qui m'a presque forcée à répondre : mais à mes discours, sa fureur a paru s'appaiser toute entière. Et tout à l'heure, même en sortant de t'entretenir, l'amour paternel lui a fait verser de tendres larmes, et il t'a loué en ma présence. Il est ton père enfin, il est ton père, et pourrai-je me résoudre à croire qu'un père n'ait pas d'amour pour un fils unique? La colère t'aveugle; tu lui supposes une haine, qui ne peut pas prendre racine en lui.... Je suis la cause, malheureuse ! je suis la cause que tu ne l'aimes pas.

CARLOS.

O reine ! tu nous connais mal tous deux ; il est vrai que je frémis, mais néanmoins, ce n'est pas de haine ; je suis envieux d'un bien qu'il m'a ravi, et qu'il ne mérite point ; d'un bien dont il ne sent pas le rare prix. Ah ! si tu étais heureuse, je me plaindrais moins.

ISABELLE.

Tu le vois, tu reviens malgré toi à tes lamentations accoutumées. Prince, je te laisse. Sois tranquille désormais, car je peserai bien chacune de mes paroles, chacun de mes gestes, avant de parler à Philippe de son fils. Et moi aussi, je crains.... mais bien plus du fils, que de son père.

SCÈNE II.

CARLOS.

Coeur vraiment noble, ignorant la défiance, où es-tu entraîné ?... Mais qui vient ?...

SCÈNE III.

GOMEZ, CARLOS.

CARLOS.

Que veux-tu ?

GOMEZ

J'attends le roi qui va se rendre ici.... Ah! prince, souffre qu'en ce moment, je prenne part à la juste allégresse que tu ressens d'avoir recouvré enfin la faveur de ton père. Tout ce que j'ai de crédit auprès de lui, je l'ai employé à parler pour toi, n'en doute pas; et je suis encore plus que jamais disposé....

(*Carlos sort.*)

SCÈNE IV.

GOMEZ.

.... Tu es bien orgueilleux.... mais cent fois plus imprudent.

SCÈNE V.

PHILIPPE, LÉONARD, PEREZ, GOMEZ, CONSEILLERS, GARDES.

PHILIPPE.

Que personne n'ose s'avancer ici... Peu nombreux, mais tous, justes et fidèles, je vous rassemble aujourd'hui en un conseil extraordinaire.... Que chacun m'écoute.... Mais quelle horreur me saisit avant de parer ! Quel frisson glace mes veines! Les larmes mouillent mes yeux, et ma faible voix, refusant presque d'exprimer les sentimens de mon cœur, erre tremblante sur mes lèvres. Et cependant, dois-je le faire? oui, je le dois; la patrie le veut, et non pas moi... Qui le croirait? C'est comme accusateur que je m'assieds aujourd'hui parmi vous; ce n'est pas comme juge, car je ne puis l'être, et si je n'étais l'accusateur d'un tel coupable, qui de vous oserait l'être? Déjà je vois s'indigner, déjà je vois frémir chacun de vous... Que sera-ce, quand vous m'entendrez prononcer le nom de Carlos?

LÉONARD.

Ton unique fils?

PEREZ.

De quoi peut-il être coupable?...

PHILIPPE.

La paix m'est ravie par un fils ingrat; cette paix que chacun de vous, bien plus heureux que moi, goûte dans le sein de sa famille. En vain j'usai de clémence avec lui, en vain j'usai d'une douce rigueur, et tour à tour, j'employai les plus vifs aiguillons pour le rappeler à la vertu; sourd aux exemples et aux prières, encore plus sourd aux menaces, il ajoute un crime à un autre, et à tous ses crimes, une audace insensée; tellement, qu'aujourd'hui, il est arrivé au comble de tous les excès. Oui, aujourd'hui même, pendant que je lui donnais de nouvelles preuves, des preuves assurées de mon extrême tendresse, aujourd'hui, il me donnait les dernières preuves de sa perversité sans exemple. A peine l'astre du jour, brillant témoin de toutes mes actions, quittait l'horison pour aller éclairer mes autres états, que déjà avec les ombres de la nuit, favorables aux traîtres, s'élevait dans le cœur de Carlos la pensée la plus noire, la plus horrible. Brûlant de se venger du pardon que j'accordais à ses erreurs; il s'avance secrètement vers mes appartemens. Il ose armer sa main d'un fer parricide. Déjà, il s'approche de moi par derrière, déjà, il lève son fer, déjà il est prêt à le plonger dans le flanc de son père sans défense..., quand soudain, du côté opposé, j'entends sortir ce cri: « Prends garde, Philippe, prends garde. » C'était Rodrigue qui venait à moi. Je sens en même temps un mouvement semblable à l'effet d'un coup qui glisse en effleurant. Je tourne la tête: j'aperçois à mes pieds un fer nu, et dans l'ombre incertaine, j'aperçois de loin mon fils, s'éloignant par une fuite rapide....

J'ai tout dit. S'il est quelqu'un parmi vous qui puisse l'accuser d'un autre crime ; s'il est quelqu'un qui puisse aussi le disculper de celui-ci, ah ! qu'il parle librement, avec confiance. Que le ciel vous inspire en une si grave circonstance. C'est un devoir terrible que vous allez remplir; pesez-le bien, ô juges; je vous demande la sentence de mon fils... et en même-temps la mienne.

GOMEZ.

Que nous demandes-tu, ô roi ? Trahir Philippe, nous trahir nous-mêmes, le pourrions-nous ? Mais pourrons-nous plonger le fer dans le sein d'un père ? De grâce, ne nous force pas à une cruelle extrémité.

LÉONARD.

Un jour peut venir, ô roi, que tu te repentes vivement d'avoir entendu la vérité, et que tu veuilles même nous faire repentir de te l'avoir dite.

PEREZ.

La vérité ne doit pas nuire. On demande la vérité ; il faut la dire.

PHILIPPE.

Ce n'est pas le père qui vous écoute ici : c'est le roi qui vous entend.

GOMEZ.

Je parlerai donc le premier : le premier de

tous, j'affronterai la colère d'un père; car tu es toujours père; et sur ton visage, que tu t'efforces de rendre sévère, sur ton visage, plus troublé que menaçant, on lit sans peine, que si tu accuses Carlos, tu absous ton fils; et que tu ne veux, ni ne saurais peut-être énumérer tous ses crimes... Proposer de vive voix un traité aux Bataves rebelles, ne parut à Carlos qu'une erreur légère : voici un écrit qui lui a été soustrait : coupable écrit, où il forme en même-temps le pacte de notre ruine et de son déshonneur. Il ose traiter avec les Français, lui, Carlos, avec les Français abhorrés de nous. Vous y lirez avec quelle infamie on y trafique de la Navarre, de la Catalogne, et de plusieurs autres riches provinces réunies à la couronne d'Espagne, par la valeur de nos ancêtres, et conservées depuis, au prix de notre sang et de nos sueurs. Pour l'exécrable prix de l'exécrable secours prêté au fils contre son père, une aussi grande partie d'un si vaste royaume deviendra la proie des Français, et le reste ensuite sera impunément opprimé par le fils d'un roi, dont la sagesse et la valeur pourraient gouverner seul, non pas une partie du monde, mais le monde tout entier. Voilà quel sort nous menace... Ah! grand roi, tes jours nous sont chers, ils nous sont nécessaires et sacrés; mais la gloire de l'Espagne ne nous est ni moins nécessaire, ni moins sacrée. Conspirer contre la vie d'un roi, contre la vie d'un père, c'est un crime horrible; mais trahir en même-temps son propre honneur, et vendre sa patrie, souffrez que je le dise, c'est peut-être un crime aussi horrible. Tu peux pardonner le premier, c'est toi qu'il regarde: mais l'autre... tu peux, il est vrai, le pardonner aussi... mais quand je le vois réuni à tant de forfaits aussi monstrueux, puis-je, puis-je prononcer autre chose que la mort?

PEREZ.

La mort! qu'entends-je?

PHILIPPE.

O ciel!...

LÉONARD.

Qui le croirait, qu'à tous ces noms exécrés de parricide, de traître, de rebelle, j'en pusse ajouter d'autres? et pourtant il en reste un, cent fois plus exécrable; tel qu'un homme ose à peine le prononcer.

PHILIPPE.

Et lequel?

LÉONARD.

Celui de blasphémateur... Dieu tout puissant, daigne en ce moment délier la langue véridique de ton humble mais fidèle serviteur; le jour est venu, l'heure et le moment sont venus, où, d'un seul de tes regards foudroyans, tu dois anéantir celui dont l'orgueil te fatigua long-temps. Tu m'élèves au-dessus de moi-même, en faisant de moi le défenseur de ta sublime majesté qu'on offense; tu souffles dans mon âme brûlante un courage surnaturel, un courage digne de ta sainte cause... O toi, roi de la terre, écoute, plein de terreur, ce que le roi des rois te dit par ma bouche. Le prince, celui dont l'impiété est si grande à mes yeux que je n'ose le nommer le fils de mon souverain, le prince ne cesse jamais de vomir de sa bouche impure d'horribles blasphèmes non moins outrageans pour le ciel que pour les ministres du ciel. Jusque dans l'enceinte du temple il élève audacieusement sa voix criminelle et profane; il blâme le culte de nos aïeux; il vante le nouveau : et s'il règne un jour, nous verrons nos sacrés autels renversés, et un pied sacrilège fouler au milieu de la fange les objets que nous honorons aujourd'hui de nos vœux et de notre encens; nous verrons..; que dis-je ?... si l'épée foudroyante du seigneur tarde encore à l'atteindre, je ne le verrai pas; celui-là le verra qui n'aura pas le courage de mourir auparavant. Je ne verrai pas déchirer le voile sacré qui dérobe aux yeux du vulgaire la vérité qu'il n'entend pas et qu'il croit; le tribunal qui représente sur la terre la justice du ciel, et qui nous la rend ensuite plus clémente, je ne le verrai point renversé comme il jurait de le faire : tribunal sacré, qui nous conserve, à la honte des autres peuples, la foi pure et sans atteinte. Que le ciel anéantisse ce vœu impie, et que l'horrible enfer soit trompé dans son espérance.... Philippe, élève tes regards au tout puissant : les honneurs, le sceptre, la vie; tu tiens tout de lui; il peut te ravir tout; s'il est offensé, l'offenseur peut-il être encore un fils à tes yeux ? C'est lui, c'est lui-même qui te montre la fatale sentence : lis-la, Philippe et désormais ne tarde plus à l'exécuter... C'est appeler sur soi les vengeances célestes que de prétendre en troubler le cours.

PEREZ.

Il n'est pas facile de trouver des sentimens libres au sein de l'esclavage; la pensée exprimée librement n'est pas toujours libre, et quelquefois même la bassesse se revêt d'une feinte audace... Ecoute-moi, Philippe; tu connaîtras ce que c'est qu'un langage libre; écoute-moi et tu verras un bien autre courage.—L'écrit est supposé, et les accusations sont trop discordantes entr'elles. Ou le prince se prépare à commettre l'infâme parricide de sa propre main, et dès lors à quoi bon un vain traité avec les Bataves rebelles? à quoi bon partager avec eux l'héritage paternel? à quoi bon démembrer son propre royaume?.. Mais si par ces moyens exécrables il espère adoucir sa destinée, alors pourquoi tenter l'affreux parricide? pourquoi ne pas le tenter autrement? pourquoi oser une telle œuvre et s'arrêter au milieu? et devant quel obstacle?—S'il tenta le parricide de la manière que l'on dit, je le tiens plus insensé que coupable. Il savait que sans cesse veillent à la défense des rois, même en les haïssant, ceux qui en reçoivent les honneurs, l'or et la puissance. Tu as vu ton fils qui fuyait? Ah! peut-être ne l'as tu vu qu'avec les yeux d'autrui. Qu'il vienne, qu'on l'entende, qu'il expose sa conduite. En attendant, je jure qu'il n'en veut pas à tes jours; je le jure sur ma tête, et si ce n'est assez, sur mon honneur, dont ne sont les arbitres, ni le roi ni le ciel, les arbitres de toute autre chose..... Maintenant que dirai-je de l'impiété, dont la fausse piété, feignant une sainte indignation, ose l'accuser? Je dirai... est-il besoin que je dise, que sous un masque toujours sacré qu'on nomme religion, il est des hommes qui cachent de criminels desseins ; ainsi s'efforçant de confondre la cause du ciel avec leur propre cause, ils osent même la faire servir aux artifices les plus horribles, les plus sanguinaires? Qui ne sait tout cela?.... Je dirai que le prince, jeune encore, se distingua toujours par un cœur humain et des sentimens élevés; des sentimens conformes aux grâces séduisantes de sa personne; et que dès ses plus tendres années il fut pour son père l'objet de la plus douce espérance. Tu le disais aussi, Philippe, et chacun t'en croyait. Pour moi, je le crois encore : parce qu'un homme n'est jamais parvenu subitement au comble de l'impiété. Je dirai qu'à tant d'outrages répétés, il n'opposa jamais que la patience, le silence, la soumission et les larmes.... Il est vrai que les larmes mêmes sont souvent un crime; il est des hommes chez qui les larmes d'autrui font naître la colère.. Ah! tu es père, ne t'irrites pas de ses larmes, mais pleure avec lui; car il n'est pas coupable, il n'est que malheureux et bien malheureux.... Mais fut-il même mille fois plus coupable que chacun le dit ici, un père ne peut, ne doit jamais prononcer la mort de son fils.

PHILIPPE.

...... Je trouve enfin la pitié dans un de vous, et j'écoute les conseils de la pitié. Ah! je suis père, et je cède à la voix de la nature. Ma couronne, ma vie, j'abandonne tout à l'impénétrable volonté du ciel, arbitre suprême de toutes choses. Peut-être Carlos doit être contre moi le ministre des vengeances d'en haut. Périsse mon royaume, et avant lui Philippe, mais que mon fils vive; je l'absous dès ce moment.

GOMEZ.

Ainsi donc tu t'élèves au-dessus des lois ? et pourquoi nous appeler? Tu peux bien violer les lois sans notre assistance. Absous, absous : mais si un jour la clémence te devenait funeste.,...

PEREZ.

Oui, il n'est que trop vrai, la clémence peut devenir funeste ; car c'est une étrange clémence que celle que je vois éclater ici..... Mais quoiqu'il arrive, ce conseil est tel que désormais je craigne d'y siéger : l'honneur m'est encore cher, et non la vie. Que le monde sache que je n'ai pas trempé mes mains dans le sang innocent. Demeure ici qui voudra.... Toutefois j'élève mes vœux au ciel; le ciel connaît la vérité tout entière.... Mais que dis-je, n'y a-t-il que le ciel?.... Si je porte attentivement mes regards autour de moi, ne vois-je pas que chacun ici connaît la vérité tout entière, que chacun la tait, et que l'entendre et la dire, est ici depuis long-temps un crime capital ?

PHILIPPE.

A qui parle-tu ?

PEREZ.

Au père de Carlos.....

PHILIPPE.

Et à ton roi.

LÉONARD.

Tu es le père de Carlos : et qui ne voit en toi la douleur d'un père désespéré ? mais tu es encore le père de tes sujets ; et autant Carlos est insensible au bonheur d'être ton fils, autant ceux-ci s'estiment heureux d'être appelés tes enfans. Le prince est seul, tes sujets sont une foule innombrable ; si tu le sauves, tes sujets sont en péril ; il est coupable, les autres sont innocens. Entre le salut d'un seul, ou celui de tous, peux-tu balancer?

PHILIPPE.

Cessez de me plonger et de me replonger ainsi le poignard dans le cœur; il suffit : je n'ai plus, hélas ! la force de vous entendre.

Qu'un nouveau conseil s'assemble hors de ma présence; que les membres des autels y siégent aussi, eux chez qui sont muettes les affections de ce monde : que la vérité se manifeste par leur moyen, et que la vérité seule soit écoutée.... Allez donc et prononcez; ma présence pourrait être nuisible à l'équité.... ou peut-être en coûterait-il trop à ma vertu.

SCÈNE VI.

PHILIPPE.

.... O combien il y a de traîtres ! Quelle audace dans Perez ? aurait-il pénétré mon cœur ?.... Ah ! non.... Mais cependant, quels sentimens ! quel orgueil impétueux !... Un pareil homme a pu naître où je règne ?... et où je règne, il vit encore ?

FIN DU TROISIÈME ACTE.

ACTE IV.

SCÈNE PREMIÈRE.

CARLOS.

O vous, ténèbres de la nuit, qui convenez bien mieux à cet horrible palais que la clarté du jour, combien votre retour m'est agréable; non que vous apportiez aucune trève à ma douleur, mais au moins vous me délivrez de tant de regards aussi vils que criminels... Elvire, la fidèle compagne d'Isabelle veut me parler ici en son nom : que me dira-t-elle?.. O quel silence!... Au milieu des remords, parmi les soucis déchirans et les soupçons inséparables du crime, le sommeil descend-il donc sur les paupières des traîtres et des tyrans, lui qui fuit toujours l'innocent opprimé?.. Mais les veilles ne me sont point pénibles : je vis avec mes pensées, et avec l'image chérie de toutes les vertus, de toutes les grâces; il m'est doux de revenir en ces lieux où je l'ai vue, où j'ai entendu ses paroles, ses paroles! qui étaient en même temps pour moi la vie et la mort. Ah! oui, depuis cet instant fatal, je me reconnais un peu moins malheureux, mais aussi plus coupable que je ne l'étais..... Maintenant d'où naît en moi cette crainte mêlée d'horreur? serait-ce la peine réservée au crime?.... La peine! mais quel crime ai-je donc commis? je n'ai pas su me taire; et qui put jamais taire un amour sans bornes, qui?..... Mais on s'approche; c'est sans doute Elvire..... Non : quel bruit sourd entends-je?... qui vient?... quel éclat de lumière... Des hommes armés s'avancent sur moi? Eh bien! traîtres....

SCÈNE II.

Soldats avec des armes et des flambeaux.

PHILIPPE, CARLOS.

CARLOS.

O ciel! mon père précédé de tant de glaives!

PHILIPPE.

Au milieu de la nuit, dans ces lieux, les armes à la main, que fais-tu, que médites-tu? où portes-tu tes pas incertains? parle.

CARLOS.

.... Et que dirai-je?... Les armes que j'ai

tirées à l'approche de ces audacieux satellites, me tombent des mains à ton aspect paternel; tu les conduis?.... toi mon père?.... dispose de moi à ta volonté. Mais dis-moi, avais-tu besoin de recourir à des prétextes? et lesquels! Ah! mon père, les prétextes sont indignes d'un roi;... mais les excuses sont encore plus indignes de moi.

PHILIPPE.

Tu ajoutes encore l'audace? Oui, arme-toi de l'audace, car c'est la compagne ordinaire des grands attentats; affecte un respect mensonger pour cacher ton âme perfide, ambitieuse et atroce; dédaigne de t'excuser, il vaut mieux donner un libre cours à ta rage; exhale le mortel venin que tu renfermes dans ton cœur; digne de toi-même, confesse avec une fierté magnanime, toutes tes pensées criminelles.

CARLOS.

Que dois-je confesser? Epargne-moi, ô mon père, de vains outrages; inflige-moi toute autre peine; quelque cruelle qu'elle puisse être, elle sera juste, si elle t'est agréable.

PHILIPPE.

Dans un âge aussi tendre, hélas! comment es-tu déjà arrivé au plus haut degré de perfidie? Où as-tu appris l'art de la scélératesse au point de ne pas même changer de visage quand ton roi t'a surpris méditant un crime aussi horrible?

CARLOS.

Où je l'ai appris? né dans ton palais...

PHILIPPE.

Tu y es né, traître, pour mon malheur et pour ma honte....

CARLOS.

Que tardes-tu à laver une telle honte? que tardes-tu à te repaître du bonheur de répandre le sang de ton propre fils?

PHILIPPE.

Toi, mon fils?

CARLOS.

Mais qu'ai-je fait?

PHILIPPE.

Tu me le demandes? tu me le demandes à moi? Aucun remords ne te déchire donc?.. Ah! non, depuis bien long-temps tu n'en connais plus ; ou le seul remords que tu éprouves, c'est de n'avoir pas accompli le parricide.

CARLOS.

Le parricide! Qu'entends-je? Moi, parricide! Mais toi-même, tu ne le crois pas, non... Quelle preuve, quel indice ou quel soupçon ?...

PHILIPPE.

Indice, preuve, certitude, je lis tout cela dans ton affreuse pâleur.

CARLOS.

... Ah ! ne me réduis pas, mon père, à la cruelle extrémité de franchir cette terrible barrière que les lois, le ciel et la nature ont mise entre le sujet et le roi, entre le fils et le père.

PHILIPPE.

Depuis long-temps ton pied sacrilége l'a déjà franchie. Que dis-je ? tu ne la connus jamais. Quitte ces dehors fastueux d'une vertu austère qui te conviennent mal. Montre-toi dans tes discours tel que tu es; dévoile toutes les nombreuses trahisons que tu as ourdies, et celles que tu as consommées.... Allons, que crains-tu ? que je sois moins généreux que tu n'es coupable ? Si tu dis la vérité, et ne caches rien, espère ; si tu la tais ou la déguises, tremble...

CARLOS.

Je dirai donc la vérité ; tu m'y forces... Je me connais trop pour trembler ; et je te connais trop aussi pour espérer jamais. Reprends ma vie, don funeste que tu m'as fait, elle est à toi ; mais mon honneur, c'est à moi qu'il appartient ; tu ne peux pas plus me l'enlever, que me le donner. Je serais bien coupable si la bassesse m'entraînait à m'avouer coupable...; tu me verras auparavant rendre ici le dernier soupir. Prépare-moi une mort longue, cruelle, ignominieuse : il n'est pas de mort qui puisse m'avilir. Toi seul, toi seul, mon père, je te plains et non pas moi.

PHILIPPE.

Téméraire ! C'est ainsi que tu oses rendre compte de tes forfaits à ton souverain ?

CARLOS.

Rendre compte ? Tu me hais, voilà mon seul crime : tu as soif de sang, voilà toute ma justification : ton seul droit, c'est le pouvoir absolu.

PHILIPPE.

Holà ! gardes, qu'on l'arrête.

CARLOS.

Seule réponse d'un tyran ! Eh bien ! voici mes bras, je les présente à tes chaînes : voici mon sein découvert : tu peux frapper. Pourquoi tardes-tu ? n'est-ce que d'aujourd'hui que tu commences à devenir cruel ? Ton règne, jour par jour, est déjà écrit en affreuses lettres de sang.

PHILIPPE.

Qu'on l'ôte de mes yeux ; qu'on l'enferme dans le plus noir cachot de la tour qui touche au palais. Malheur à celui de vous qui éprouverait quelque pitié !

CARLOS.

Ne crains rien, tes ministres t'égalent en cruauté.

PHILIPPE.

Qu'on l'entraîne de force hors de ma vue, de vive force...

SCÈNE III.

ISABELLE, PHILIPPE.

ISABELLE.

O ciel ! Que vois-je ? Grand Dieu !

PHILIPPE.

Reine, qu'y a-t-il ?

ISABELLE.

J'ai entendu tout le palais retentir de cris douloureux...

PHILIPPE.

Tu as entendu un son plaintif, il est vrai...

ISABELLE.

N'ai-je pas vu le prince traîné de force hors de ta présence ?

PHILIPPE.

Tu as bien vu ; c'est lui.

ISABELLE.

Ton fils ?

PHILIPPE.

Mon épouse pâlit et tremble en le voyant entraîner ?

ISABELLE.

Quoi ! je tremble ?...

PHILIPPE.

Et tu en as sujet... Ton effroi... est pour moi une forte preuve... de ton amour.. C'est pour... ton époux que tu trembles : mais rassure-toi ; le danger est passé.

ISABELLE.

Le danger ?... et lequel ?

PHILIPPE.

J'ai couru un grand danger : mais désormais ma vie est en sûreté....

ISABELLE.

Ta vie ?...

PHILIPPE.

Cette vie, qui t'est si chère, si nécessaire, elle est sauvée.

ISABELLE.

Mais le traître ?...

PHILIPPE.

...Subira la peine due à sa trahison. Ne crains plus que pour lui mon cœur se rouvre jamais à la pitié. Le temps en est passé ; maintenant je n'écoute plus que le cri terrible de la justice.

ISABELLE.

Mais quel est le traître ? Quelle trame ?..

PHILIPPE.

O ciel! la trame n'était peut-être pas ourdie contre moi seul. Pour celui qui a soif du sang de son père, verser le sang de sa belle-mère n'est rien, s'il abhorre l'une autant que l'autre...

ISABELLE.

Il voulait ma mort?... Que dis-tu?... Malheureuse que je suis!... Le prince....

PHILIPPE.

L'ingrat n'oubliait pas moins tes bienfaits que ceux dont je l'ai comblé.... Mais reviens à toi-même... et vis sans crainte... Repose-toi sur moi du soin important d'assurer ta paix et la mienne.

SCÈNE IV.

ISABELLE.

Quelles paroles !... Quels regards !... A peine puis-je reprendre mes sens. Qu'a-t-il dit? Mon amour lui serait-il?.. Mais non; il est renfermé dans le plus profond de mon cœur... Cependant ces yeux enflammés de colère, et fixés sur moi... Malheureuse que je suis... Ensuite il a parlé de belle-mère.... d'assurer ma paix ?... O ciel ! et qu'ai-je répondu ? J'ai nommé le prince ! Oh ! quelle froide horreur me glace ! Où court-il, hélas ! où court-il ?... Que médite-t-il ? et moi, que fais-je ?... Je veux le suivre,.. mais je sens mes genoux fléchir; et mes forces...

SCÈNE V.

GOMEZ, ISABELLE.

GOMEZ.

Pardonne l'excès de mon audace ? Je croyais trouver encore le roi avec toi.

ISABELLE.

Il vient de me quitter.

GOMEZ.

Je dois donc le chercher ailleurs. Sans doute il est impatient de connaître enfin l'événement...

ISABELLE.

L'événement ?... Demeure : dis-moi.

GOMEZ.

Si tu lui as parlé, il t'aura sans doute fait connaître l'attente incertaine où il était de la dernière sentence...

ACTE IV, SCÈNE V.

ISABELLE.

Non, il m'a parlé d'une trahison en termes obscurs et ambigus; mais...

GOMEZ.

Ne t'a-t-il pas dit le nom du traître?

ISABELLE.

Il a nommé le prince.

GOMEZ.

Ainsi tu sais tout. Je viens du conseil, apporter...

ISABELLE.

De quel conseil? O ciel! qu'apportes-tu?

GOMEZ.

Cette importante affaire a été longuement discutée : et enfin, on a conclu d'une seule voix...

ISABELLE.

Quoi! Parle.

GOMEZ.

La sentence est contenue dans cet écrit; il ne lui manque plus que l'assentiment du roi.

ISABELLE.

Et que porte-t-elle?

GOMEZ.

Elle prononce la mort.

ISABELLE.

La mort, barbares, La mort! Et quel est son crime?

GOMEZ.

Le roi ne t'a-t-il pas dit?

ISABELLE.

Non, il ne me l'a pas dit.

GOMEZ.

Il a tenté le parricide.

ISABELLE.

O ciel! Carlos?

GOMEZ.

Son père, lui-même l'accuse; et les preuves..

ISABELLE.

Son père?... Et quelles preuves en donne-t-il?... Des preuves mensongères... Ah! certainement, il y a quelqu'autre motif que l'on me cache. Par pitié! fais-moi connaître son vrai crime.

GOMEZ.

Son vrai crime?... Et puis-je te le dire, si tu ne le sais pas?... Te le dire peut me coûter la vie.

ISABELLE.

Oh! que dis-tu? Mais quoi? crains-tu que je puisse te trahir?

GOMEZ.

Je trahis le roi si je dis un mot; oui, je trahis le roi. Mais quel si grand intérêt t'excite à vouloir connaître la vérité?

ACTE IV, SCÈNE V.

ISABELLE.

Moi?... c'est seulement un désir curieux...

GOMEZ.

Mais enfin, d'où vient cette importance que tu y attaches?... Le prince est dans un grand danger, et peut être doit-il y succomber; mais, après tout, es-tu autre chose pour lui qu'une belle-mère?... Sa mort ne peut te nuire; au contraire, elle fraye le chemin du trône aux enfans qui doivent sortir de ton sein. Crois-moi, la véritable cause des crimes de Carlos, c'est en grande partie l'amour....

ISABELLE.

Que dis-tu?

GOMEZ.

L'amour que te porte le roi. Il serait bien plus flatté d'avoir pour successeur un fils de ton sang que de laisser le trône à Carlos.

ISABELLE, *à part*.

Je respire. (*haut.*) Tu oses me supposer des vues aussi basses et aussi injustes?

GOMEZ.

J'ose te confier les pensées de mon roi : les miennes ne sont pas telles; mais...

ISABELLE.

Ce que je n'avais pu croire jusqu'à présent est donc vrai, il est donc vrai que le père lui-même abhorre son fils...

PHILIPPE II.

GOMEZ

O reine, ô combien je te plains, si tu connais aussi peu le roi !

ISABELLE.

Mais à qui accordé-je ma confiance ? C'est toi cependant qui...

GOMEZ.

Oui, c'est moi qui, trouvant en toi une sincère pitié, romps le terrible silence qui pèse sur mon cœur. Il n'est que trop vrai, le prince, (le malheureux!) n'a d'autre crime que d'être le fils d'un père barbare.

ISABELLE.

Tu me fais dresser les cheveux.

GOMEZ.

Et moi aussi je ne frémis pas moins que toi. Sais-tu la cause de cette haine dénaturée ? ce qui l'excite, c'est une basse envie : la vertu mensongère du père s'irrite de voir dans son fils une vertu si grande et si vraie ; il voit trop combien diffère de lui son fils ; et le misérable aime mieux l'immoler que de se voir au-dessous de lui.

ISABELLE.

Non, jamais on ne vit un tel père. Mais pourquoi le conseil, plus injuste que le roi, condamne-t-il à la mort un innocent ?

ACTE IV, SCÈNE V.

GOMEZ.

Et quel conseil s'opposerait à un tel roi ? il l'accuse lui-même. L'accusation est fausse, chacun le sait ; mais chacun, tremblant pour soi, la soutient en se taisant. La honte d'une sentence inique retombe sur nous : nous sommes les lâches ministres de sa fureur, et ce n'est qu'en frémissant ; mais en vain : celui qui s'y refuserait tomberait soudain victime de sa rage.

ISABELLE.

Ce que j'entends serait-il vrai ?... Je reste muette de stupeur... Et il ne reste plus d'espérance ? il périra injustement ?

GOMEZ.

Philippe, par dessus tout, est savant dans l'art de dissimuler. Il voudra d'abord paraître incertain ; il fera de grandes démonstrations de douleur et de pitié : peut-être tardera-t-il avant de se résoudre : insensé celui qui ajouterait foi à sa douleur et à sa pitié, ou qui croirait que le temps pût affaiblir en rien son profond ressentiment !

ISABELLE.

Ah ! si tu n'as pas encore, comme lui, l'âme endurcie par le crime, je t'en conjure, Gomez, écoute la pitié...

GOMEZ.

Et que puis-je?

ISABELLE.

Tu pourrais...

GOMEZ.

Honorer par des larmes inutiles et cachées à tous les regards la mémoire de cet innocent, voilà tout ce que puis.

ISABELLE.

Oh! qui entendit, qui vit jamais une telle horreur?

GOMEZ.

Je serais prêt à me perdre moi-même, si j'avais la puissance de sauver le prince, et le ciel sait si je dis vrai. Je sens déjà mon cœur rongé et déchiré par les remords qu'entraîne avec elle la funeste amitié d'un semblable tyran, mais...

ISABELLE.

Si tes remords sont sincères, tu peux le servir efficacement, oui, tu le peux, et sans qu'il soit besoin de te perdre toi-même. Tu n'es pas suspect au roi; tu peux secrètement lui fournir les moyens de fuir, et qui songera à te découvrir? Qui sait? peut-être même un jour Philippe, rentrant en lui-même, pourrait récompenser la généreuse audace

ACTE IV, SCÈNE V.

d'un homme qui lui sauva sa gloire en même temps que son fils.

GOMEZ.

Et quand j'oserais tout cela, Carlos y consentirait-il? Tu sais combien il est altier : je me représente déjà sa fureur aux seuls mots de fuite et de sentence. Ah! tout avis de la mort qui le menace serait impuissant pour abattre cette âme indomptée; au contraire, je le vois déjà s'obstiner à périr. Ajoute que tout conseil, tout secours de ma part lui serait suspect et odieux. Il me croit le même que le roi.

ISABELLE.

N'y a-t-il aucun autre obstacle? fais seulement que je le voie: conduis-moi à sa prison : tu dois y avoir accès, je me flatte de le décider à fuir. Par pitié! ne me refuse pas une si haute faveur. La nuit est déjà avancée, pendant ce temps, prépare sa fuite, et diffère de porter au roi la fatale sentence que peut-être il n'attend pas aussitôt. Vois,.. je t'en prie; allons; le ciel te récompensera de ses faveurs éternelles, je t'en conjure, partons...

GOMEZ.

Et qui pourrait se refuser à un acte aussi

pieux ? Je veux à tout prix le tenter. Partons... Que le ciel préserve de la mort celui qui ne la mérite pas !

FIN DU QUATRIÈME ACTE.

ACTE V.

SCÈNE PREMIÈRE.

CARLOS.

Qu'ai-je à craindre désormais, qu'ai-je à espérer, que la mort? Puissé-je au moins l'avoir exempte d'infamie!... Mais hélas! c'est pleine d'infamie que je dois l'attendre du barbare Philippe... Un seul doute, un doute pire que toute espèce de mort me perce le cœur. Peut-être il connaît mon amour; j'ai vu étinceler, dans ses regards farouches, je ne sais quelle nouvelle fureur qui éclatait malgré lui... Et son dernier entretien avec la reine, et cette affectation de me nommer, et ce soin avec lequel il l'observait... Qu'arrivera-t-il? grand Dieu! qu'arrivera-t-il, si son épouse lui devient en même temps suspecte? Hélas! peut-être le cruel la punit déjà d'une faute encore incertaine, car la vengeance d'un tyran prévient toujours l'offense... Mais si notre amour est inconnu à tout le monde, et presque à nous mêmes, comment le saurait-il?... Mes soupirs m'auraient-ils trahi? Que dis-je? un tyran inhumain connaît-il les soupirs de l'amour? Un tel père avait-il besoin de pénétrer mon amour, pour devenir barbare et dénaturé? Sa haine était à son comble; il ne pouvait plus la contenir. Heureux, trois fois heureux le jour où je pourrai le satisfaire avec mon sang!... Et toi, foule mensongère des amis de ma prospérité, où es-tu maintenant? Je ne vous demande à tous qu'une épée, mais aucun de vous ne me présentera une épée pour me soustraire à l'infamie... Quel bruit entends-je? La porte de fer s'ouvre.. Que m'apporte-t-on? écoutons... qui sera-ce?

SCÈNE II.

ISABELLE, CARLOS.

CARLOS.

Que vois-je? reine, c'est toi? qui t'a guidée vers ces lieux? Oh! quel motif t'amène? est-ce l'amour, le devoir, la pitié? Comment as-tu pu pénétrer ici?

ISABELLE.

Hélas! tu ne connais pas encore toute l'horreur de ton affreux destin: on t'accuse

ACTE V, SCÈNE II.

de parricide, ton père lui-même t'accuse; un injuste conseil te condamne à mort, et il ne manque plus pour exécuter la sentence, que le consentement du roi.

CARLOS.

Si cela seul y manque, elle sera bientôt exécutée.

ISABELLE.

Eh quoi! tu ne frémis pas?

CARLOS.

Il y a déjà long-temps que je n'aspire qu'à mourir. Et tu le sais bien, toi à qui je demande pour toute grâce, de me laisser mourir près de toi. Elle m'est dure sans doute, cette horrible accusation : elle m'est dure, mais elle ne me surprend pas. Ma mort est inévitable, et comment en frémirais-je, si c'est toi qui me l'annonce?

ISABELLE.

Ah! ne me parle pas de mort, si tu m'aimes; cède un instant à l'orage.

CARLOS.

Que je cède? ah! je le vois bien, tu t'es chargée de la cruelle mission de m'avilir, et mon injuste père te la confie...

ISABELLE.

Et peux-tu le croire, prince? Moi, ministre des fureurs de Philippe!

CARLOS.

Il pourrait t'y contraindre, peut-être même te tromper. Mais, comment donc te laisse-t-il venir près de moi, dans cette prison ?

ISABELLE.

Eh ! Philippe le sait-il ? O ciel ! malheur à nous, s'il le savait !

CARLOS.

Dieu ! que dis-tu ? Philippe sait tout ce qui se passe ici. Qui a pu enfreindre son inflexible volonté ?

ISABELLE.

Gomez.

CARLOS.

Qu'entends-je ! Oh ! quel nom prononces-tu ? nom terrible, funeste, abominable !

ISABELLE.

Il n'est pas ton ennemi, autant que tu le penses.

CARLOS.

O ciel ! si je croyais qu'il fût jamais mon ami, je serais enflammé de honte plus que de colère.

ISABELLE.

Et cependant il est le seul qui éprouve quelque pitié pour toi. Il m'a dévoilé les affreux projets de ton père.

CARLOS.

Imprudente Isabelle! âme trop crédule qu'as-tu fait? Ah! pourquoi ajouter foi à une pareille pitié! Si le plus infâme des ministres d'un infâme tyran t'a dit la vérité, avec la vérité il t'a trompée.

ISABELLE.

Mais à quoi bon de vains discours? Tu pourras éprouver tout-à-l'heure les effets certains de sa compassion, si tu te rends à mes prières. Il m'a conduite ici secrètement; et déjà il s'occupe des apprêts de ta fuite: je l'y ai engagé. Ah! ne tarde pas, sors promptement de ces lieux, fuis ton père, la mort et Isabelle.

CARLOS.

Tandis qu'il en est encore temps, fuis toi-même, fuis loin de moi; car ce n'est pas sans dessein, que Gomez a feint la compassion. Dans quel piége tu es tombée! Ah! c'est maintenant que je tremble vraiment: comment désormais en douter? Notre secret, oui, le secret de notre amour, Philippe l'a pénétré tout entier.

ISABELLE.

Non, prince, je l'ai vu, il n'y a qu'un instant, alors même que de vive force on t'arrachait de sa présence. Il était enflammé d'un horrible courroux; je l'écoutais en tremblant, et le même soupçon m'agitait. Mais revenue à moi-même, je me rappelle ses discours, et je suis certaine qu'il t'accuse de toute autre chose que ce que tu dis... et même je me souviens qu'il a prétendu que non-content d'en vouloir à ses jours, tu conspirais peut-être aussi contre les miens.

CARLOS.

Il faudrait que je fusse semblable à lui, plus vil que lui, pour pénétrer tous les détours cachés de cet infâme dédale. Mais cependant il est certain que, s'il t'envoie ainsi vers moi, c'est qu'il recèle dans son sein quelque affreuse trahison. Sans doute il veut éclaircir ce qu'il ne fait encore que soupçonner. Mais, quoiqu'il en soit, sors promptement de ce lieu funeste; vainement tu crois et tu espères que Gomez veuille s'employer pour moi; plus vainement encore tu espères que j'y consente, alors même qu'il le voudrait.

ISABELLE.

Serait-il vrai que c'est au milieu d'une pareille cour que je traîne mes jours infortunés?

CARLOS.

Trop vrai, hélas!... Mais ne tarde plus, laisse-moi; délivre-moi de la plus mortelle angoisse.... Ta pitié me devient offensante,

si tu ne la ressens pas aussi pour toi-même...
Va-t-en, si la vie t'est chère...

ISABELLE.

La vie, chère pour moi !

CARLOS.

Eh bien donc, pense à mon honneur et à ma réputation.

ISABELLE.

Que je t'abandonne en un pareil danger ?

CARLOS.

Et ce danger, pourquoi le courir ? à quoi bon ? tu te perds toi-même et ne me sauves pas. Un simple soupçon suffit pour flétrir la vertu. Ah ! ne laisse pas au tyran la cruelle joie de pouvoir accuser même ta pensée. Va, cache tes larmes, renferme tes soupirs dans ton sein. C'est avec un œil serein, un front calme, que tu dois apprendre la nouvelle de ma mort. Consacre à la vertu les tristes jours que tu me survivras.... Si ta douleur cherche quelques consolations au milieu de tant de misérables, un seul homme vertueux reste. Perez, que tu connais bien, il pourra pleurer en secret avec toi,... et toi, tu pourras quelquefois parler de moi avec lui.... Mais cependant éloigne-toi, sors ;... fais que je ne pleure point.... Cesse, cesse de me déchirer le cœur ! Reçois mon dernier adieu... et laisse-moi. Va, c'est maintenant que j'ai besoin de toute ma vertu, maintenant que s'approche l'heure fatale de la mort.

SCÈNE III.

PHILIPPE, ISABELLE, CARLOS.

PHILIPPE.

L'heure de la mort est arrivée, perfide; elle est arrivée, je te l'apporte.

ISABELLE.

Que vois-je? O trahison!

CARLOS.

Je suis prêt à la mort; donne-la moi.

PHILIPPE

Tu mourras, malheureux; mais auparavant, couple détestable, vous entendrez mes terribles reproches... Infâmes, je sais tout, oui tout. Cette flamme abominable qui vous dévore, et qui me remplit de fureur, m'est connue depuis long-temps. O combien de mouvemens de rage j'ai réprimés! o quel long silence!... Mais enfin vous êtes tombés tous deux entre mes mains. Pourquoi m'affliger? Dois-je me plaindre? J'ai voulu la vengeance, et je l'aurai bientôt; je l'aurai terrible, complète, inouie..... J'aime cependant à jouir ici de votre honte. Femme per-

ACTE V, SCÈNE III.

&de, ne crois pas que je t'aie jamais aimée; ni que les fureurs de la jalousie aient jamais tourmenté mon cœur. Les hautes affections de Philippe ne sont pas faites pour descendre aussi bas que ton cœur; une femme digne de son amour ne le trahira jamais. Tu as donc offensé en moi ton roi, non pas ton amant. C'est le nom de mon épouse, ce nom sacré que tu as souillé. Jamais je ne m'inquiétai de ton amour; mais la crainte de ton maître devait être si profonde en ton cœur, qu'elle y étouffât jusqu'à la simple pensée d'un autre amour.... Quant à toi, vil séducteur;... je ne te dis rien; rien de ta part ne m'était inattendu; ce crime était digne de toi seul.... C'était pour moi d'indubitables preuves, des preuves trop certaines que vos coupables soupirs, tout cachés qu'ils étaient, et votre silence et vos mouvemens, et la douleur que je voyais et que je vois encore également renfermée en vos deux âmes impies.... Mais à quoi bon parler davantage ? votre faute est égale, égal sera votre châtiment.

CARLOS.

Qu'entends-je? elle n'est coupable d'aucune faute; que parlé-je de faute? Vainement en chercherait-on en elle, même l'ombre...

Son cœur est pur; jamais, je le jure, elle ne
brûla d'une flamme aussi criminelle; à peine
sut-elle mon amour, qu'elle le condamna....

PHILIPPE.

Je sais jusqu'où est allé chacun de vous;
je sais que ta pensée audacieuse et impie
n'avait pas encore aspiré à souiller la couche
paternelle. S'il en eût été autrement, vivrais-
tu aujourd'hui?... Mais de ta bouche impure
est sorti l'aveu d'un amour abominable; elle
l'a entendu, cela suffit.

CARLOS.

Seul je t'ai offensé : je ne le nie pas; un léger rayon d'espérance avait lui à mes yeux,
mais sa vertu le dissipa bientôt; elle m'entendit, mais ce fut seulement pour ma honte,
et seulement pour combattre dans mon cœur
cette passion criminelle et illégitime.... Oui,
illégitime; elle est telle aujourd'hui, il n'est
que trop vrai; mais jadis elle fut vertueuse
et pure. Isabelle était mon épouse, mon
épouse, tu le sais; tu me l'avais donnée, et
il t'était plus facile de me la donner que de
me la retirer.... Cependant en toute manière,
je suis coupable. Oui, je l'aime; et elle me
fut ravie par toi.... Que peux-tu me ravir désormais? Allons, rassasie-toi de mon sang;
assouvis sur moi la rage de ton orgueil ja-

loux ; mais épargne-la, elle est entièrement innocente.

PHILIPPE.

Elle ? moins audacieuse, elle est aussi criminelle que toi.... Tu affectes le silence, reine ; mais ton silence même aide à te convaincre. Et toi aussi, que servirait de le nier ? tu nourris dans ton sein une flamme abominable; tu me l'as avoué ; tu ne me l'as avoué que trop clairement tout à l'heure quand je te parlais de lui pour t'éprouver. Pourquoi m'as-tu rappelé qu'il était mon fils ? Perfide, tu n'osais pas dire qu'il était ton amant. Au fond de ton cœur as-tu trahi moins que lui, ton devoir, l'honneur et les lois ?

ISABELLE.

Mon silence n'est pas l'effet de la crainte; je suis frappée de stupeur à la vue d'un cœur aussi double, aussi féroce, aussi impitoyable que le tien.... Je reprends à la fin, je reprends mes esprits éperdus.... Il est temps enfin que j'expie le crime énorme d'être ton épouse.... Je ne t'ai pas encore offensé; à la face du ciel, à la face du prince, je déclare que je ne suis pas coupable, quoique dans mon cœur....

CARLOS.

Une trompeuse pitié l'a fait parler en

ma faveur : ah! ne l'écoute pas......

ISABELLE.

En vain cherches-tu à me sauver, toutes tes paroles ne font qu'irriter la blessure de son orgueil. Ce n'est plus le temps des excuses; nous ne devons plus songer qu'à nous dérober à son aspect, plus horrible que tous les tourmens.... S'il était donné à un tyran de sentir le pouvoir de l'amour, je te dirais, Philippe, que tu as serré les nœuds de notre amour; je te dirais que dès mes premières années j'avais tourné toutes mes pensées vers lui; que j'avais placé en lui tout mon espoir; que j'avais embrassé l'idée de passer heureusement mes jours avec lui. C'était une vertu alors, comme c'était soumission à tes ordres que de l'aimer. Qui de cette vertu fit ensuite un crime? c'est toi, en brisant des nœuds sacrés. Les briser était chose facile à une volonté absolue; mais le cœur se change-t-il si aisément? Il régnait puissamment en mon cœur; mais je ne fus pas plutôt ton épouse que je réprimai cette flamme et la condamnai au silence. C'était ensuite aux années, à ma vertu et peut-être à toi de l'extirper.

PHILIPPE.

Je saurai donc faire ce que n'ont pu ni ta

vertu, ni les années. Oui, dans ton sang j'éteindrai la flamme impure....

ISABELLE.

Toujours verser du sang, et toujours en verser davantage, voilà ton seul mérite. Mais était-ce pour un tel mérite que je te pusse donner mon amour que tu lui as ravi, à toi qui diffères autant de ton fils, que la vertu diffère du vice...? Tu es accoutumé à me voir trembler, mais je ne tremble plus; jusqu'à présent j'ai tû ma passion criminelle, car c'était le nom que je lui donnais en moi-même; aujourd'hui je l'avoue hautement, aujourd'hui que je te reconnais cent fois plus criminel qu'elle ne saurait l'être.

PHILIPPE.

Vous êtes dignes l'un de l'autre.... Il reste à voir si vous serez aussi courageux à mourir qu'à parler....

SCÈNE IV.

GOMEZ, PHILIPPE, ISABELLE, CARLOS.

PHILIPPE.

Gomez, mes ordres sont-ils accomplis? Apportes-tu ce que je t'ai demandé?

4

GOMEZ.

Perez expire : voici le glaive qui dégoutte de son sang fumant encore.

CARLOS.

Affreux spectacle !

PHILIPPE.

En lui toute la race des traîtres n'est pas encore éteinte.... Mais cependant, Carlos, vois quelle récompense je réserve à tes amis.

CARLOS.

Combien, hélas! combien dois-je voir de morts avant que de mourir? Toi aussi, Perez...! O rage! Je vais te suivre. Où est ce fer qu'on me destine? où est-il? Allons qu'on me l'apporte. Ah! puisse mon sang éteindre la soif ardente de ce tigre !

ISABELLE.

Ah! puissé-je seule, moi seule, assouvir sa fureur dénaturée !

PHILIPPE.

Cessez cet infâme combat. Voici à votre choix un poignard et une coupe. Choisis, fier contempteur du trépas, choisis le premier....

CARLOS.

O fer encore fumant du sang de l'innocence, je te choisis pour libérateur... Hélas!

femme infortunée, tu en as trop dit : il ne te reste plus qu'à mourir ; mais choisis le poison, ta mort sera moins douloureuse... c'est le dernier avis d'un amour malheureux ; recueille en toi tout ton courage... regarde-moi (*Il se frappe*), je meurs.... suis mon exemple.... prends la coupe fatale.... ne tarde pas....

ISABELLE.

Ah ! oui, je te suis. O mort tu es un bonheur pour moi ; je trouve en toi....

PHILIPPE.

Tu vivras donc malgré toi, tu vivras.

ISABELLE.

Laisse-moi.... Affreux supplice ! il meurt, et moi.....

PHILIPPE.

Oui, tu vivras séparée de lui : tu vivras au milieu des larmes ; ta longue douleur sera pour moi un soulagement. Lorsque plus tard, ayant oublié ton infâme amour, tu voudras vivre, alors je te donnerai la mort.

ISABELLE.

Vivre à tes côtés !.... Supporter ta vue !... Jamais, non jamais.... Je veux mourir...

Ton poignard (1) suppléera donc au poison qu'on m'a enlevé....

PHILIPPE.

Arrête.....

ISABELLE.

Je meurs.....

PHILIPPE.

O ciel! que vois-je?

ISABELLE.

Tu vois mourir... ton épouse... et ton fils... ous deux innocens.... et tous deux de ta main... Je te suis, cher Carlos....

PHILIPPE.

A mes pieds coule un ruisseau de sang : et de quel sang! — Enfin j'obtiens une vengeance complète, une vengeance horrible.... Mais suis-je plus heureux?... Gomez, que l'on cache à tout le monde cet affreux événement... En gardant le silence, tu sauveras mon honneur et ta vie.

---

(1) Elle se jette rapidement sur le poignard de Philippe, et s'en perce le sein.

FIN DU CINQUIÈME ET DERNIER ACTE.

AGAMEMNON,

TRAGÉDIE EN CINQ ACTES.

TRADUITE EN FRANÇAIS,

PAR M. ALPHONSE TROGNON.

PERSONNAGES.

AGAMEMNON.
CLYTEMNESTRE,
ELECTRE.
ÉGISTE.
Peuple.
Soldats.

La scène est dans le palais à Argos.

AGAMEMNON,

ACTE PREMIER.

SCÈNE PREMIERE.

ÉGISTE.

Pourquoi me poursuis-tu, ombre terrible, sanglante et irritée de mon père sans vengeance? Laisse-moi,... va éloigne-toi, Thyeste; va-t-en, retourne habiter les rives du Styx. J'ai dans mon sein toutes tes fureurs; ton sang ne coule que trop dans mes veines. Fruit d'un infâme inceste, je le sens, je suis né pour le crime, et je n'ai pas besoin de te voir pour me le rappeler. Je sais que, vainqueur superbe de Troie, Atride revient dans Argos, chargé de gloire. Je l'attends ici, dans son palais; qu'il arrive, son triomphe sera court, je te le jure. La vengeance guide mes pas; la vengeance sans cesse retentit autour de mon cœur; le temps en approche. Tu seras satisfait, Thyeste, tu auras ici plus d'une victime, tu boiras par flots le sang d'Atrée. Mais avant le fer, je dois employer l'artifice. Je suis seul et sans armes contre un roi puissant. Puis-je en triompher, si je ne renferme dans mon cœur ma haine et ma fureur?

SCÈNE II.

ÉGISTE, CLYTEMNESTRE.

CLYTEMNESTRE.

Égiste, je te trouve toujours seul et en proie à de sombres pensées. Tu me caches tes chagrins cuisans, à moi!... Dois-tu fuir celle qui ne respire que pour toi?

ÉGISTE.

Je suis trop étranger dans ce palais; tu m'y as accueilli, il est vrai; et je n'y aurais jamais mis le pied si tu ne régnais en ces lieux: tu le sais, j'y suis venu pour toi seule, et j'y reste pour toi seule. Mais le jour, hélas! le jour douloureux approche où tu m'en feras partir,... toi-même.

CLYTEMNESTRE.

Moi! que dis-tu? peux-tu le croire? Ah! non!... Mais les sermens sont peu de chose, ils ne sont rien; tu verras pour toi-même, si mon cœur enflammé renferme quelque pensée qui ne soit pour toi, pour toi seul.

ÉGISTE.

Et quand je serais ton unique pensée; si ton honneur blessé me touche, je dois me perdre moi-même, et je veux me perdre, avant que de troubler la paix de tes jours, avant que de flétrir ton honneur, ou de t'enlever en partie l'amour de ton époux. Vivre fugitif, errant, avili, et obscur, c'est la destinée d'Égiste, du malheureux fils de Thyeste. Né d'un père infâme, on me regarde comme plus infâme encore, et je suis innocent. La richesse, le sceptre, et l'arrogance de la prospérité me manquent pour effacer la tache de ma naissance et la honte du nom de mon père. Il n'en est pas ainsi du fils d'Atrée : il revient fier destructeur de Troie. Crois-tu, qu'il souffre jamais dans Argos, le fils abhorré de son mortel ennemi ?

CLYTEMNESTRE.

Et quand il reviendrait, la gloire de ses nouveaux trophées aura maintenant mis un terme à ses vieilles haînes. Un roi vainqueur ne conserve pas de haîne contre un ennemi dont il ne craint rien...

ÉGISTE.

Il est vrai que par moi-même, je ne suis redoutable à personne; il est vrai, que me voyant exilé, seul et sans armes, Agamemnon ne daignera pas me haïr : mais il peut me mépriser; et veux-tu que j'attende un tel outrage ? tu me le conseilles, et tu m'aimes!

CLYTEMNESTRE.

Tu m'aimes, et tu peux concevoir la coupable pensée de m'abandonner.

ÉGISTE.

Reine, il est inutile de te flatter désormais. La nécessité me force à cette funeste pensée. Ton maître, voulut-il oublier les injures de mon père, peux-tu espérer qu'il veuille dissimuler ou ignorer l'outrage fait à son amour ? Si je restais ici, je devrais fuir ta vue; et je traînerais alors une vie pire que la mort. Si quelquefois ta présence m'était permise, un seul regard, un soupir seul suffirait pour me trahir; et alors, qu'adviendrait-il ? Il n'est que trop vrai ! un léger soupçon dans le cœur d'un roi superbe, suffit pour rendre coupable de tous les crimes. Je ne songe pas à moi; je ne crains rien pour moi, mais je dois te donner cette cruelle preuve d'un véritable amour, et te sauver la vie avec l'honneur.

CLYTEMNESTRE.

Qui sait? peut-être, plus que tu ne le crois, un tel danger est maintenant loin de nous :

plusieurs lunes se sont déjà succédées depuis que les murs de Troie sont tombés. Atride nous menace sans cesse d'arriver, et n'arrive jamais. Tu le sais, la renommée publie que la flotte grecque erre divisée et dispersée par la fureur des vents. Ah! peut-être est-il venu le jour qui me donnera vengeance entière, quoique tardive du meurtre de ma fille.

ÉGISTE.

Et ce jour fût-il venu, veuve illustre du roi des rois, daigneras-tu jeter un regard sur moi, rejeton obscur d'un sang abhorré; sur moi, le misérable jouet de la mauvaise fortune; sur moi, qui manque également de gloire, de richesses, d'armes, de sujets et d'amis?

CLYTEMNESTRE.

Ajoute, et de crimes. Si tu n'as pas dans ta main, le sceptre d'Atride, tu n'as pas non plus dans ta main le fer encore teint, encore dégoûtant du sang de ta propre fille. J'en atteste le ciel : aucun autre qu'Atride ne régnait dans mon cœur, avant qu'il osât arracher ma fille de mon sein, et la traîner en victime aux pieds d'un autel impie. Le souvenir mortel de ce jour funeste, de cet horrible moment, me remplit toujours de tristesse et de fureur. Aux vains songes d'un augure imposteur, à l'ambition plus réelle d'un père inhumain, j'ai vu immoler ma fille, enlevée de mes bras, par surprise, sous l'espoir mensonger d'un heureux hyménée. Ah! depuis ce jour, je me sens frémir d'horreur au seul nom d'un tel père!.. Je ne le revis plus, et si aujourd'hui enfin la fortune le trahissait....

ÉGISTE

La fortune ne le trahira jamais à quelque point qu'il l'ait fatiguée. C'est elle qui le conduit à la tête des Grecs, sur les bords du Xante; plus que sa valeur, la fortune lui fait vaincre dans ces lieux l'implacable colère d'Achille et le courage d'Hector; c'est elle qui le ramènera dans Argos, fier et chargé de dépouilles. Non, il ne s'écoulera pas un long espace de temps, que tu auras Agememnon à tes côtés; il saura bien éteindre ton courroux: il vous reste des gages de votre ancien amour, Électre et Oreste, gages d'une nouvelle paix. Aux rayons de sa présence, la flamme illégitime que ton cœur nourrit maintenant pour moi, s'évanouira comme les nuages, devant le soleil.

CLYTEMNESTRE.

.... Électre m'est chère, Oreste m'est né-

cessaire.... mais la voix plaintive de ma tendre Iphigénie expirante, retentit dans mon cœur : je l'entends me crier avec un accent lamentable : « ma mère, aimes-tu mon cruel meurtrier ? Non, je ne l'aime point, non... »
Égiste tu aurais été un bien autre père, pour mes enfans.

ÉGISTE.

Puissent-t-ils être un jour entre mes mains ! Mais je ne puis espérer autant.... Je ne vois pour moi dans l'avenir que chagrins, que honte, qu'abîmes, que ruines. N'importe, j'attends ici, mon destin, quel qu'il soit, si c'est ta volonté. Je resterai tant que le danger ne sera que pour moi; s'il te devient commun, je saurai bien périr seul, victime d'un amour malheureux.

CLYTEMNESTRE.

Je saurai bien auparavant rendre notre destinée inséparable. Ta modeste franchise m'enflamme encore davantage : et je te reconnais de plus en plus digne d'un tout autre sort... Mais Électre vient, laisse-moi avec elle : je l'aime, je voudrais enfin, la fléchir en ta faveur.

SCÈNE III.

ÉLECTRE, CLYTEMNESTRE.

ÉLECTRE.

Ma mère, se peut-il, que notre malheureuse destinée nous ait condamnées à toujours trembler, et à désirer envain, toi, ton époux, moi mon père? Que nous fait désormais, d'apprendre que Troie a été ruinée dans ses fondemens, si de nouveaux dangers s'élèvent sans cesse pour empêcher Agamemnon triomphant, de rentrer dans Argos?

CLYTEMNESTRE.

La nouvelle se confirme donc, que la flotte des Grecs a été dispersée dans un vaste naufrage.

ÉLECTRE.

Le bruit en court diversement dans Argos: l'un veut que les vents impétueux aient poussé nos vaisseaux jusques dans l'intérieur du Bosphore; l'autre jure, avoir vu sur ces plages, leurs voiles blanchissantes, et d'autres hélas! affirment que le navire du roi s'est brisé contre un écueil, et que tous ceux qu'il portait ont été submergés avec lui. Malheureuses que nous sommes!.. Ma mère, à qui ajouter

ACTE I, SCÈNE III.

foi désormais? Comment nous sortir de ce doute? Comment mettre un terme à nos déplorables terreurs?

CLYTEMNESTRE.

Les vents cruels, qui, à son départ, ne se sont appaisés qu'avec du sang, voudront peut-être encore du sang pour s'appaiser à son retour... O mes enfans! que je suis heureuse de vous tenir en sûreté à mes côtés! Au moins, je ne dois plus trembler aujourd'hui pour vous, comme je tremblais il y a deux lustres.

ÉLECTRE.

Qu'entends-je? ce sacrifice est encore présent à ton cœur? Il fut terrible, funeste, mais nécessaire. Aujourd'hui, si le ciel demandait encore le sang de ton autre fille; aujourd'hui, pleine de joie, je courrais à l'autel, j'y courrais pour conserver à ma mère un époux, aux Grecs un chef, à Argos sa splendeur royale.

CLYTEMNESTRE.

Je sais que ton père t'est cher : si tu aimais autant ta mère!

ÉLECTRE.

Je vous aime également, mais mon père est dans un affreux danger;... et au récit de ses cruelles infortunes, hélas! je ne te vois point verser de larmes, je ne te vois pas même changer de visage? ô ma mère, si tu l'aimais autant que je l'aime!

CLYTEMNESTRE.

Je le connais trop.

ÉLECTRE.

Que dis-tu? ô ciel! naguère, tu ne parlais pas ainsi de lui. Un lustre entier ne s'était pas écoulé, depuis que les Grecs avaient fait voile, et chaque jour, je t'entendais moi-même soupirer après son retour. Tu te plaisais à nous raconter ses hauts faits. Tu vivais en lui, tu ne nous élevais que pour lui; quand tu parlais de lui, je voyais tes joues baignées de larmes amères, de larmes vraies... Ensuite, tu ne l'as plus vu; il est tel qu'il était jadis, et toi tu es devenue bien différente de toi-même. Ah! oui, il y a un nouveau motif qui te le fait voir différent de ce qu'il était jadis.

CLYTEMNESTRE.

Un nouveau motif? Que dis-tu?... mon cœur fut toujours aigri contre lui... Ah! tu ne sais pas... Que dis-je?.. O ma fille si je te révélais les secrets les plus cachés de ce cœur.

ÉLECTRE.

O ma mère! puissé-je aussi bien les ignorer!..

ACTE I. SCÈNE III.

CLYTEMNESTRE.

Dieu ? Qu'entends-je ? aurait-elle pénétré ?..

ELECTRE.

Du moins si j'étais la seule qui eût pénétré les secrets de ton cœur ! Mais ne le sais-tu pas ? les mouvemens de ceux qui règnent sont épiés avec malice, avec curiosité, avec envie par ceux-là même, qui affectent le plus de respect vis-à-vis d'eux ? Toi seule tu n'entends pas les murmures de la multitude ; et tu crois que ce que tu caches si mal, que ce qu'à toi seule l'on n'ose répéter, reste caché pour tout le monde... L'amour t'aveugle.

CLYTEMNESTRE.

L'amour ? Malheureuse que je suis ! qui m'a trahie ?...

ELECTRE.

Toi-même, et depuis long-temps. Je ne dois pas apprendre de ta bouche un pareil amour : il te coûterait trop de m'en parler. O ma mère chérie, que fais-tu ? Je ne crois pas, non, je ne crois pas, qu'une flamme ardente t'embrâse le cœur : une affection involontaire mêlée à la pitié que la jeunesse inspire quand elle est malheureuse; voilà les appâts où tu t'es prise sans t'en apercevoir. Jusqu'à présent tu ne t'es pas demandé un compte sévère de toi-même; le soupçon de sa propre vertu ne tombe pas dans un cœur qui se connaît lui-même; et peut-être n'as-tu pas sujet de soupçonner la tienne? Peut-être as-tu blessé à peine, non pas ton honneur, mais la réputation de ton honneur? Tu en as encore le temps, le moindre signe de ta volonté peut amener un retour sublime. Par l'ombre sacrée, chérie de toi, de ta fille immolée, par cet amour que tu me portais, dont je ne suis pas indigne aujourd'hui, enfin par la vie d'Oreste, je t'en conjure, ô ma mère, retire-toi, retire-toi de l'horrible précipice. Que cet Egiste s'en aille loin de nous! Aie soin qu'il garde le silence sur toi; pleure avec nous sur les disgrâces d'Atride, et viens dans les temples implorer des dieux le bonheur de son retour.

CLYTEMNESTRE.

Qu'Egiste s'éloigne?

ELECTRE.

Ne le veux-tu pas? Mais ton maître, mon père ne mérite pas d'être trahi et il ne le souffrirait pas...

CLYTEMNESTRE.

Mais; s'il... ne vivait plus?...

ELECTRE.

Tu me fais frémir, tu me fais dresser les cheveux.

CLYTEMNESTRE.

Que dis-je? Ah! malheureuse...! O ciel! quel vœu formé-je?—Electre, pleure l'erreur d'une mère égarée, pleure son aveuglement. La longue absence d'un époux cruel... les qualités d'Egiste... mon fatal destin...

ELECTRE.

O ciel! que dis-tu? Les qualités d'Egiste? Ah! tu ne sais pas quel est le cœur d'Egiste: il est né d'un sang tel qu'il ne peut y avoir en lui de véritable vertu. Exilé, avili, fils d'un horrible inceste; c'est le successeur que dans ta pensée tu désignes au roi des rois?

CLYTEMNESTRE

Mais, et que suis-je? Ne suis-je pas la fille de Léda et la sœur d'Hélène? Un même sang coule dans mes veines. La volonté des Dieux irrités, une force inconnue, m'entraîne malgré moi...

ELECTRE.

Tu appelles encore Hélène ta sœur? Eh bien! si tu le veux, ressemble donc à Hélène; mais au moins ne sois pas plus coupable qu'elle. Elle trahit son mari; mais elle n'avait pas de fils, elle prit la fuite; mais elle n'enleva pas le trône à son propre sang. Et tu mettrais, non-seulement ta personne, mais le sceptre de tes enfans entre les mains d'un Egiste ?

CLYTEMMESTRE.

Si le destin venait à me priver d'Atride, ô ma fille, ne crois pas, que je pusse priver mon Oreste du trône d'Argos. Egiste serait mon époux, il ne serait pas roi pour cela; il serait pour Oreste un nouveau père, un défenseur....

ELECTRE.

Il serait un infâme tyran; l'ennemi d'Oreste sans défense et peut-être, hélas ! je frémis d'y penser, peut-être en serait-il le meurtrier. O ma mère, tu confierais ton fils à celui qui ambitionne son trône? Tu confierais au fils de Thyeste le petit fils d'Atrée?.. Mais c'est en vain qu'avec toi je franchis les bornes du respect filial. Nous devons toutes deux espérer, qu'Atride est vivant; mon cœur me le dit. A son seul aspect toute flamme passagère s'éteindra soudain en toi; et moi, fille aussi tendre que je dois l'être, je te promets d'ensevelir dans mon cœur l'important secret.

CLYTEMNESTRE.

Hélas! que je suis malheureuse! Je distingue bien la vérité qui luit à travers tes paroles ; mais un si faible éclair de raison brille à mes yeux, que je tremble pour l'avenir.

FIN DU PREMIER ACTE.

ACTE II.

SCÈNE PREMIÈRE.

CLYTEMNESTRE, EGISTE.

EGISTE.

Je te le disais d'avance, tu le vois maintenant; ce n'est plus le temps d'espérer, c'est le temps de trembler. La fortune, les Dieux et les vents appaisés, guident à pleines voiles Atride dans le port. Moi qui tout à l'heure pouvais sortir d'Argos, sans aucun risque pour toi du moins, sans que ta renommée en reçût aucune tache, je devrai maintenant fuir la présence du roi; te laisser en proie à la tyrannie de sa puissance royale; et me retirer, je ne sais où, loin de toi; et mourir de douleur... Vois où m'a réduit ton fol espoir.

CLYTEMNESTRE.

De quel crime es-tu coupable? pourquoi fuir? pourquoi trembler? Je suis coupable, moi; mais je ne le suis que dans mon cœur, et Atride ne connait pas mon cœur.

ACTE II, SCÈNE I.

EGISTE.

Le véritable amour, comment se cache-t-il? Le nôtre n'est déjà que trop public; et comment espères-tu que le roi puisse l'ignorer?

CLYTEMNESTRE.

Quel est celui qui osera le révéler au roi, avant de savoir si son infâme avis sera récompensé ou puni? Tu ne sais pas les perfides manéges de la cour; on y suppose souvent des crimes imaginaires; mais l'on ne révèle pas toujours au roi ceux qui sont réels; quelquefois son orgueil superbe s'en offense. Je ne suis pas exempte de toute crainte; mais tout espoir n'est cependant pas banni de mon cœur. Je ne te demande à présent, Egiste, ne me le refuse pas, je ne te demande qu'un jour de temps, un seul jour. Jusqu'ici je croyais le danger éloigné et douteux; aussi me trouvé-je sans remède à lui opposer. Laisse-moi prendre sagement conseil de l'événement. J'épierai les mouvemens, le visage du roi. Peut-être, pourrais-tu demeurer inconnu dans Argos?

EGISTE.

Dans Argos, inconnu, moi le fils de Thyeste.

CLYTEMNESTRE.

Pendant un jour au moins, je me plais à l'espérer et un jour me suffit pour prendre un parti. En attendant, reçois ma foi tout entière; sache que plutôt que de t'abandonner jamais, je suis prête à suivre les traces d'Hélène.

EGISTE.

Sache que je veux périr mille fois, plutôt que de jamais flétrir ton nom. Je ne parle pas du mien, qu'un injuste destin condamne à une éternelle infamie. Ah! puissé-je être assuré, que je ne perdrais pas autre chose que la vie, en restant dans Argos! Mais, fils de Thyeste, je n'attends qu'insulte et mépris à la cour d'Atride. Et que serait-ce s'il venait ensuite à me savoir ton amant? J'en aurais, il est vrai, la mort que je désire; mais qui sait jusqu'où elle serait ignominieuse? Il y aurait force à toi de me voir livré à mille outrages; et en même temps tu devrais écouter les reproches amers de son orgueil insultant, si toutefois il ne faisait plus... L'amour seul m'apprend à trembler; je frémis pour toi. Tu dois m'oublier; il en est temps; je naquis obscur, laisse-moi obscur; abandonne-moi à mon destin quelqu'il soit. Je m'impose un éternel exil loin de toi. Rends à ton époux ton antique affection; si l'amour ne le juge pas digne de toi, la fortune et les Dieux l'en jugent digne.

ACTE II, SCÈNE I.

CLYTEMNESTRE.

Les Dieux, la raison, la fortune, s'opposent vainement à mon amour. Accorde ce seul jour à mes prières, ou par mes discours je fais échouer tous tes soins généreux. Je cours volontairement au devant de la mort, au devant même de l'infamie. Je cours dévoiler au cruel Atride ma flamme impure et me perdre avec toi. En vain tu espères séparer ton sort du mien; si tu fuis, je fuis; si tu péris, je péris.

EGISTE.

O malheureux Egiste!

CLYTEMNESTRE.

Réponds, peux-tu refuser un seul jour à tant d'amour?

EGISTE.

Peut-tu me le demander? Que dois-je faire?

CLYTEMNESTRE.

Me jurer de ne pas quitter les murs d'Argos, avant le coucher du soleil.

EGISTE.

Tu m'y forces? Je le jure.

SCÈNE III.

ELECTRE, CLYTEMNESTRE, EGISTE.

ELECTRE.

Voici le ciel serein, la fureur des vents est tombée, et les terribles mugissemens des ondes sont appaisés. Notre espérance est devenue une certitude ; toute crainte est changée en allégresse. Déjà les vaisseaux argiens touchent le port si long-temps désiré, déjà l'on voit de loin s'élever les antennes semblables à une épaisse et mobile forêt. O ma mère, ton époux est sauvé, mon père est vivant. J'apprends qu'il s'est élancé le premier sur la plage ; qu'il s'avance rapidement vers Argos, et déjà il en a presque atteint les portes. Et toi, ma mère, tu es encore ici ?

CLYTEMNESTRE.

Egiste, souviens-toi de ton serment.

ELECTRE.

Egiste viendrait-il avec nous à la rencontre du roi des rois?

CLYTEMNESTRE.

Blesser un infortuné, par des paroles amères, est une bien pauvre gloire, ma fille.

EGISTE.

Le nom d'Egiste déplaît trop à Electre;
le cœur d'Egiste ne lui est pas encore connu.

ELECTRE.

Mieux connu que tu ne penses : que ne
l'est-il aussi bien de ma mère aveuglée!

CLYTEMNESTRE.

La cruelle haine de tes aïeux te rend
aveugle; il est fils de Thyeste, voila tout
ce que tu sais de lui. Ah! pourquoi dédaignes-
tu d'entendre combien il est pieux, discret,
humble et digne d'un autre sort et d'une
naissance moins misérable? Sentant le crime
de sa naissance, il voulait à l'instant quitter
Argos, et se soustraire à l'aspect superbe
d'Agamemnon triomphant.

ELECTRE.

Que ne l'a-t-il fait? Pourquoi reste-t-il?

EGISTE.

Je reste pour peu de temps encore; rassure-toi : dès demain tu seras pour toujours
délivrée de la vue d'un homme qui ne te hait
point, et pour qui tu as tant d'horreur. Electre, je l'ai juré tout à l'heure à ta mère, et je
tiendrai parole.

CLYTEMNESTRE.

Quel cœur dur est le tien! Tu le vois, au

fiel dont tes discours sont empoisonnés, il n'oppose qu'humilité, que patience...

ELECTRE.

Je ne suis pas venu pour m'enquérir des rares qualités de cet homme. Mon devoir m'a amenée pour t'avertir de l'arrivée de mon père; pour te dire en même temps que les Argiens de tout rang, de tout âge, fêtant à l'envi son retour par des cris d'allégresse, sortent-en foule pour aller à sa rencontre. Moi aussi je serais déjà dans les bras d'un père vivement désiré; mais la fille peut-elle prévenir les pas de sa mère? Doit-elle usurper les tendres embrassemens dus à une épouse? Que tardes-tu encore? Allons. Chaque instant de retard devient un crime pour nous.

CLYTEMNESTRE.

Tu connais le douloureux état de mon cœur malade, et cependant tu te plais à me percer le cœur par des coups répétés!

ELECTRE.

Les Dieux savent, ma mère, si je t'aime, et si mon âme est pénétrée de pitié pour toi; c'est l'amour, c'est la pitié qui me pousse à tout ce que je fais; veux-tu que le roi te trouve à côté d'Egiste? Ce que tu veux cacher, en tardant davantage, tu le découvres; allons, ma mère.

ACTE II, SCÈNE II.

EGISTE.

Reine, je t'en conjure aussi, de grâce, va, ne t'obstines pas à ta perte.

CLYTEMNESTRE.

Non, je ne tremblerais pas autant quand je marcherais à une mort certaine. O spectacle cruel! Moment horrible! Hélas! d'où pourrai-je tirer un courage tel qu'il ne m'abandonne pas en sa présence? Il est mon maître; bien que je l'aie trahi, seulement dans ma pensée, je ne puis, non, je ne puis le voir du même œil qu'autrefois. Je ne sais ni ne veux feindre l'amour... O jour redoutable pour moi!

ELECTRE.

O jour fortuné pour nous! Je ne suis pas loin de recouvrer ma mère. Puisque tu éprouves des remords, désormais tu n'es plus coupable.

EGISTE.

Coupable, le fûs-tu jamais? Tu crus ton époux mort, et maîtresse de toi-même, tu songeas à me donner ta main; qui peux te faire un crime d'une telle pensée? d'ailleurs si tu ne le dis point, il l'ignore. Tu n'es pas coupable; et tu ne dois pas trembler devant lui. Tu verras, comme dans son cœur, il ne conserve plus de remords du meurtre de sa fille... Prends exemple de sa sécurité.

ELECTRE.

O langue envenimée, oses-tu bien souiller le nom d'Atride? Allons, allons, ma mère, ce seront les derniers avis criminels que tu entendras de cet homme; viens.

CLYTEMNESTRE.

Tu as juré, Egiste; souviens-t'en, tu as juré.

EGISTE.

Un jour reste.

CLYTEMNESTRE.

O ciel? Un seul jour!...

ELECTRE.

C'est encore trop d'un jour pour un scélérat.

SCÈNE III.

EGISTE.

Tu peux me haïr, Electre, tu peux me haïr: Egiste t'abhorre bien autrement, et ma profonde haine, tu le verras, ne s'exhale pas en de vains discours. La redoutable haine d'Egiste, c'est la mort. Abominable race, à la fin tu es tombée tout entière entre mes mains. O combien mon cœur était désolé qu'Atride fût resté la proie des ondes en courroux! O

ACTE II, SCÈNE IV.

quelle part, quelle grande part de ma vengeance, les ondes me dérobaient ! Il est vrai que ses enfans eussent expié de leur sang, de tout leur sang, l'exécrable, l'homicide festin d'Atrée. Ainsi, Thyeste, j'aurais un peu assouvi ta soif, si non tout entière, du moins en partie ; j'aurais accompli cet horrible serment de mort... Mais que dis-je? Le retour du père sauve-t-il les enfans de mes coups?.. Voici le cortége du roi triomphant. Sortons, cédons la place à la joie populaire. Folle joie, tu seras de courte durée... Ici je suis étranger à toute fête, qui n'est pas une fête de sang.

SCÈNE IV.

AGAMEMNON, ELECTRE, CLYTEMNESTRE, PEUPLE, SOLDATS.

AGAMEMNON.

Je revois enfin les murs ardemment désirés de mon Argos ; ce sol que je presse est le sol chéri que je foulai en naissant ; tous ceux que je vois à mes côtés, sont des amis pour moi, fille, épouse, peuple fidèle, et vous, Dieux pénates que je reviens à la fin adorer. Que me reste-t-il à désirer encore? Que m'est-il permis d'espérer jamais de plus?

O combien sont longs et tristes deux lustres passés sur une terre étrangère loin de tout ce que l'on aime! O comme il est doux de revoir sa patrie, après les pénibles travaux d'une guerre sanglante! O bonheur de se trouver parmi les siens, véritable port, asyle de toute paix!... Mais suis-je le seul ici qui se livre à la joie? Mon épouse, ma fille, vous restez silencieuses, fixant à terre un regard incertain et inquiet? O ciel! votre joie n'est-elle pas égale à la mienne en vous retrouvant dans mes bras?

ELECTRE

O mon père!...

CLYTEMNESTRE.

Seigneur..., une succession trop rapide d'événemens vient d'agir sur nous aujourd'hui... Tantôt poussées de l'espérance à la tristesse, tantôt ramenées, de la douleur à une joie inattendue... Le cœur résiste mal à des sensations si diverses et si soudaines.

ELECTRE.

Jusqu'à présent nous avons tremblé pour toi. La renommée répandait sur toi des nouvelles incertaines, effrayantes; auxquelles nous faisait ajouter foi la fureur des vents orageux qui plusieurs jours dominèrent la mer agitée; c'en était assez pour nous causer de justes alarmes. Enfin, tu es sauvé; enfin, tu reviens vainqueur de Troie, après avoir été si ardemment désiré, si vainement désiré, pendant une si longue suite d'années. O mon père, je la presse enfin, cette main; cette même main sur laquelle, à ton départ, sortant à peine du berceau, j'imprimais des baisers enfantins; il m'est enfin permis, d'y imprimer aujourd'hui, les baisers plus fervens de l'âge adulte. Main, qui fit trembler l'Asie, ne dédaigne pas l'hommage d'une simple jeune fille: Ah! j'en suis certaine, des rois vaincus, des royaumes conquis, sont un spectacle moins doux pour le cœur d'un bon père que le plaisir de revoir, d'embrasser ses tendres enfans, grandis pendant son absence.

AGAMEMNON.

Oui ma fille, oui; mon sang m'est plus cher que la gloire. Ah! puissé-je être aussi heureux comme époux et comme père, que je le suis comme guerrier et comme roi! Mais je ne me plains pas de vous; c'est de moi, c'est de mon sort. Le ciel m'a privé d'une fille: elle seule manque ici pour satisfaire aujourd'hui mon âme paternelle. Le ciel ne l'a pas voulu, et je dois détourner la vue de ce fatal événement... Tu me restes, Electre, et tu restais à ta mère malheureuse et plaintive. Tendre fille, fidèle compagne, son unique consolation pendant ma longue absence; ô comme tu auras partagé avec elle ses longues angoisses, et ses ennuis, et sa douleur! O combien de nuits, ô combien de jours, donnés à mon souvenir!... Et moi aussi, oui moi, au milieu des affreuses vicissitudes de la guerre, au milieu du sang, au milieu de la gloire et de la mort, oui, je vous avais toujours présentes, avec vos craintes, vos larmes, vos incertitudes, et votre ignorance sur mon sort. Souvent caché sous mon casque, je pleurais dans le silence; et personne ne le savait, que le père. Aujourd'hui nous touchons enfin au terme de notre affliction, et Clytemnestre est la seule, qu'à son aspect triste, et à ses yeux mouillés de larmes, je ne reconnais plus.

CLYTEMNESTRE.

Moi triste?...

ELECTRE.

Ah! trop souvent, le poids de la joie, quand elle est excessive, n'accable pas moins que la douleur. O mon père, laisse-la seulement reprendre ses esprits... Elle voudrait t'en dire beaucoup plus que moi; c'est pour cela qu'elle t'en dit beaucoup moins.

ACTE II, SCÈNE IV.

AGAMEMNON.

Elle ne m'a pas encore parlé d'Oreste...

CLYTEMNESTRE.

D'Oreste?...

ELECTRE.

Ah! mon père, viens l'embrasser.

AGAMEMNON.

Oreste mon unique espoir, l'héritier de mon trône, mon fidèle soutien; non, avant de t'avoir serré mille fois, contre mon sein paternel, je ne veux pas accorder un seul instant de repos à mes membres fatigués. Allons, Clytemnestre, allons l'embrasser, ce fils chéri, dont tu ne me parles pas, et dont cependant tu es la mère; ce fils que je laissai pleurant dans le berceau, lorsque je partis à regret... Dis-moi: est-il grandi? que fait-il? ressemble-t-il à son père? A-t-il déjà fait quelque pas dans le sentier de la vertu? Au nom de gloire, à la vue d'une épée qui brille, ses yeux deviennent-ils étincellans d'une noble ardeur.

CLYTEMNESTRE.

Je ne puis retenir mes larmes...

ELECTRE.

Ah! viens, mon père, tu le verras; c'est ta vivante image; je ne l'ai pas quitté un instant depuis ton départ. Age simple! souvent nous entendant nommer son père : « Ah! quand sera-ce, quand sera-ce que je le verrai? s'écrie-t-il ». Puis entendant parler de Troie, de combats et d'ennemis, lui-même, avec l'ardeur de l'enfance, brûle de courir armé à la défense de son père et d'affronter les périls.

AGAMEMNON.

Ah! c'est assez m'en dire; allons le trouver. Chaque instant que je tarde à le voir, est mortel pour mon cœur.

FIN DU DEUXIÈME ACTE.

ACTE III.

SCENE PRÈMIERE.

AGAMEMNON, ELECTRE,

AGAMEMNON.

Suis-je de retour au milieu des miens? ou bien marché-je parmi de nouveaux ennemis? Electre, daigne tirer ton père d'un doute affreux. Je trouve dans mon palais un accueil nouveau pour moi; je suis devenu comme étranger à mon épouse; il me semble, cependant, qu'elle devrait être maintenant revenue à elle-même. Chacune de ses paroles, chacun de ses regards, chacune de ses actions porte l'empreinte de la défiance et de l'artifice. Suis-je donc, à présent, si terrible pour elle, que je ne puisse éveiller dans son cœur d'autre sentiment que la terreur. Que sont devenus ces embrassemens chastes et sincères; ces paroles tendres et pleines de simplicité? et ces mille et mille témoignages d'amour non équivoques qui me rendirent mon départ si pénible, mes espéranrances si flatteuses, et me firent désirer si vivement l'instant de mon retour. Ah ! dis-moi, pourquoi ne les retrouvé-je pas en elle tous et encore multipliés ?

ELECTRE.

Père, roi, tu réunis en toi de tels noms, que tu n'inspires pas moins de respect que d'amour. Deux lustres entiers, ton épouse vécut en proie à une douleur amère. Un jour tu le vois, est trop court pour réparer les longues peines qu'elle a souffertes. Son silence....

AGAMEMNON.

O ! combien son silence m'étonnait moins d'abord, que maintenant ses discours composés et étudiés. O comme la véritable affection se déguise mal sous les paroles pompeuses! Il est un silence, fils de l'amour, qui exprime tout et dit plus que la langue n'en peut dire; il est certains mouvemens involontaires qui révèlent les secrets de l'âme. Mais son silence et son langage ne sont pas fils de l'amour, assurément. Que m'importe à présent la gloire dont je suis chargé? que me font tant de lauriers péniblement achetés au prix de tant de périls de tant d'angoisses mémorables, si pour eux j'ai sacrifié le plus

ACTE III, SCÈNE I.

grand de tous les biens, la paix de mon cœur?

ELECTRE.

De grâce, bannis une telle pensée; autant qu'il est en moi, autant qu'il est au pouvoir de ma mère, tu goûteras une paix entière au milieu de nous.

AGAMEMNON.

Mais pourquoi ce changement, pourquoi est-elle devenue si différente d'elle-même? Dis-moi, Electre, tout à l'heure, quand de ses mains elle mettait Oreste dans mes bras, l'as-tu vue? Tandis que j'étais presque hors de moi-même, et que je ne pouvais me rassasier ni de le presser sur mon sein, ni de le couvrir de baisers, dis-moi, l'as-tu vu prendre part à ma joie paternelle, l'as-tu vue? qui aurait dit qu'il était son fils comme le mien! Oreste notre espérance commune, le dernier gage de notre amour.... Ou je me trompe, ou ce n'étaient pas les signes vrais, irréprimables d'un cœur transporté de joie; ce n'étaient pas les sentimens d'une tendre mère, ni les transports d'une épouse aimante.

ELECTRE.

Il n'est que trop vrai, elle diffère un peu de ce qu'elle était autrefois; un rayon de joie n'a pas lui sur son visage depuis ce jour funeste où tu fus contraint, mon père, d'immoler ta fille au salut de tous. Une telle plaie ne peut se guérir qu'à grand'peine dans le cœur d'une mère. Deux lustres entiers n'ont pas encore effacé de sa pensée, l'artifice en même temps pieux et cruel, mais nécessaire, par lequel tu lui as arraché sa fille de ses bras.

AGAMEMNON.

Malheureux que je suis! Ne suffit-il donc pas pour mon supplice que je m'en souvienne? Etais-je moins à plaindre qu'elle dans ce funeste jour? étais-je moins père qu'elle était mère? Mais pouvais-je seul soustraire Iphigénie aux cris furieux, au tumulte farouche, aux menaces de tant de soldats audacieux dont un oracle cruel alimentait puissamment la rage? Seul, parmi tant de rois superbes altérés de gloire et de vengeance, également impatiens de toute autorité, que pouvais-je faire? Les barbares, ils entendirent les sanglots d'un père et ne pleurèrent pas avec moi, comme je pleure maintenant avec vous. Lorsque la voix du ciel tonne, la nature se tait, le cri de l'innocence s'élève en vain, l'on n'écoute que le ciel.

ELECTRE.

Ah! mon père, ne trouble pas le jour heureux de ton retour par d'amers souvenirs. Si je t'en parlai, ce fut pour diminuer en partie la juste stupeur que font naître en toi les sentimens incertains de ma mère. Ajoute à son ancienne douleur celle de se trouver trop livrée à elle-même; celle de n'avoir personne avec qui soulager son cœur, excepté deux enfans, l'un d'un âge trop tendre, et moi, peu propre, sans doute, à calmer ses alarmes. Tu le sais, le chagrin concentré s'accroît d'autant; tu le sais, la solitude est la mort de toutes les joies et la vie de tous les fantômes; et puis t'attendre aussi long-temps et trembler chaque jour pour toi; n'est-ce rien que cela?... Ah! comment pourrait elle être la même qu'auparavant? Mon père daigne excuser son état de stupeur, bannis toute sombre pensée; sa tristesse sera bientôt dissipée par le plaisir de ta présence. Ah! mon père sois en persuadé, tu ne tarderas pas à voir renaître en elle, tendresse, confiance et amour.

AGAMEMNON.

Je me plais du moins à l'espérer. O quel bonheur ce serait pour moi, si elle me découvrait sans réserve tous les secrets de son cœur!... Mais, dis-moi, cependant, pourquoi le fils de Thyeste vient-il où je règne?

que fait-il ? qu'attend-il ? Ce n'est qu'ici que j'ai appris qu'il y était, et il me semble que chacun frémit, même en le nommant.

ELECTRE.

... Il est fils de Thyeste, tu l'es d'Atrée, voilà pourquoi l'on frémit. Egiste exilé, est venu chercher un asile ; il a pour ennemis ses propres frères.

AGAMEMNON.

Dans cette famille, les haines entre frères sont héréditaires. Peut-être est-ce l'effet des vœux d'Atrée et de la colère des Dieux. Mais qu'il cherche un asile auprès du fils d'Atrée, la chose me paraît bien étrange. Je lui ai déjà ordonné de se rendre en ma présence ; je veux le voir, je veux connaître ses malheurs et ses projets.

ELECTRE.

O mon père, il n'y a pas de doute qu'Égiste soit malheureux. Mais toi, qui du premier coup-d'œil pénètres dans toutes les âmes, tu verras par toi-même s'il mérite de l'être.

AGAMEMNON.

Le voici, il vient.... Sous ces formes séduisantes, qui sait s'il cache un cœur vil ou généreux ?

SCÈNE II.

AGAMEMNON, ELECTRE, EGISTE.

EGISTE.

Puis-je me présenter sans crainte devant le glorieux vainqueur de Troie, devant le sublime roi des rois. Je vois la majesté et le noble éclat d'un Dieu sur ton front auguste et terrible... oui terrible; mais en même temps accessible à la pitié; car souvent les Dieux du haut de leur trône ont tourné leurs regards vers les infortunés. Tel est Egiste; Egiste jusqu'à présent désigné aux coups de la fortune eut les mêmes aïeux que toi; un même sang coule dans nos veines; voilà pourquoi j'osai chercher dans ces murs, sinon des secours, du moins un asile qui pût me garantir de mes cruels ennemis qui sont cependant mes frères.

AGAMEMNON.

Tu me fais frémir, en me rappelant que nous sommes un même sang; pour chacun de nous, l'oublier serait le mieux. Que les fils de Thyeste s'abhorrent entr'eux, c'est une nécessité; mais ce n'en est pas une qu'ils se hasardent à choisir un asile dans le palais d'Atrée. Egiste, jusqu'à présent, tu m'es et tu m'as été inconnu par toi-même. Je ne te hais ni ne t'aime; cependant, quoique je veuille oublier d'affreuses haines, je ne puis, sans éprouver dans mon sein je ne sais quel mouvement, te contempler, ni entendre ta voix, la voix du fils de Thyeste.

EGISTE.

Avant qu'il l'eût dit, je savais que le magnanime Atride, ne sait pas, ne peut pas haïr. Une passion vile n'a pas accès dans un cœur élevé. Tu imites la valeur de tes aïeux, non pas leurs haines. Tu saurais punir...... ou pardonner qui oserait t'offenser; mais un homme qui, comme moi, t'est inconnu, qui est malheureux, a droit à ta pitié, fut-il enfant de Troie. Ce n'est pas au hasard que la Grèce te choisit pour chef d'une haute entreprise ; mais elle estima en toi un roi supérieur à tous les rois, en générosité, en valeur, en justice et en bonne foi. Moi aussi je te juge tel, et je ne me crus jamais plus en sûreté qu'à l'ombre de ta gloire. Je ne me suis pas souvenu que je naquis fils de Thyeste; je suis fils d'un sort malheureux; il m'a semblé que les taches de mon sang avaient été suffisamment lavées par mes infortunes; et si tu devais être saisi d'horreur au nom d'Egiste, j'espérai qu'au nom d'infortuné, d'indigent, d'opprimé, tu devrais trouver, dans la générosité de ton âme royale, une profonde pitié pour moi.

AGAMEMNON.

Et quand je te l'accorderais, souffrirais-tu la pitié de ma part?

EGISTE.

Mais, qui suis-je, pour oser mépriser un don de toi?

AGAMEMNON.

Toi! tu es toujours le fils du plus mortel ennemi de mon père; tu me hais, tu dois me haïr; je ne puis t'en blâmer. Nos pères nous ont désunis pour toujours; non-seulement nous, mais nos enfans et nos derniers neveux. Tu le sais, le perfide Thyeste déshonora et enleva l'épouse d'Atrée; Atrée après avoir égorgé les enfans de Thyeste, en fit un festin au père. Mais quoi? histoire sanglante, à qui rappelé-je tes affreuses circonstances! Mes cheveux se dressent d'horreur! Je vois en toi Thyeste avec toutes ses fureurs; peux-tu me voir d'un autre œil? Ne te présenté-je pas la vivante image du sanguinaire Atrée?... Peux-tu rester dans ces murs que tu vois encore teints du sang de tes frères, le peux-tu, sans que tout le tien bouillonne dans tes veines?

EGISTE.

.... Il est vrai, la vengeance d'Atrée fut horrible, mais elle fut juste. Ces enfans que Thyeste se vit servir dans un festin exécrable, étaient nés de l'inceste. Il en était le père, j'en conviens; mais c'était le fruit clandestin de son amour avec l'épouse infidèle d'Atrée; d'Atrée cruellement offensé et encore sans vengeance. L'outrage fut grave, la peine fut plus grande. Ils étaient frères, il est vrai, mais Thyeste fut le premier à l'oublier, et Atrée ne le fit qu'après lui. Le courroux du ciel ne cesse pas encore de me poursuivre; ta race moins coupable est comblée de biens. Thyeste me donna d'autres frères; de même que moi, ils ne sont pas nés de l'inceste; je ne leur enlevai jamais leurs épouses. Cependant envers moi, ils sont beaucoup plus inhumains qu'Atrée, ils m'ont tout-à-fait exclu du trône. Non contens, ils m'ont ravi ma part de l'héritage paternel, et cela ne leur suffit pas. Les cruels veulent aussi, maintenant, m'ôter la vie comme ils m'ont ôté mes biens. Vois si j'ai tort de fuir.

AGAMEMNON.

Tu as raison de fuir, mais tu as tort de fuir ici.

EGISTE.

En quelque lieu que je porte mes pas, je traîne avec moi l'infamie du nom de mon père et de ma naissance, je le sais; mais où puis-je moins rougir de prononcer le nom de Thyeste que devant le fils d'Atrée ? Toi-même, si tu étais moins chargé de gloire, si tu étais infortuné autant qu'Egiste, tu sentirais alors tout le poids de l'horreur attaché à la condition de fils d'Atrée, non moins qu'à celle de fils de Thyeste. Prends donc part à mes infortunes. Qu'Atride fasse pour moi ce qu'il voudrait qu'on fît pour lui s'il était Egiste.

AGAMEMNON,

Moi Egiste ?.... Sache que quelque cruel, quelque désespéré que fût mon sort, je n'aurais jamais porté mes pas vers la demeure de Thyeste.... Il est une voix intérieure qui me crie de ne pas te prêter l'oreille et qui ferme mon cœur à la pitié. Toutefois, puisque tu veux ma pitié, et que je n'ai pas coutume de la refuser, j'emploierai tout ce que mon nom et ma puissance ont de crédit sur les Grecs pour te faire rentrer dans l'héritage de ton père. Jusque-là éloigne-toi d'Argos; près de toi je passerais des jours de trouble et des nuits sans repos. Une même cité ne peut renfermer le fils de Thyeste et le fils d'Atrée. Peut-être d'un bout à l'autre de la Grèce, nous serions encore trop voisins.

EGISTE.

Ainsi donc tu me chasses? Et que me reproches-tu?

AGAMEMNON.

Ton père.

EGISTE.

Et cela suffit?

AGAMEMNON.

C'est même trop. Va : que le soleil à son retour ne te voie pas dans Argos ; tu auras des secours, dès que je te saurai loin d'ici.

SCÈNE III.

AGAMEMNON, ELECTRE.

AGAMEMNON.

Le croirais-tu, Electre? à son seul aspect j'éprouvais je ne sais quelle terreur que je n'ai jamais éprouvée jusqu'ici.

ELECTRE.

Tu as bien fait mon père de l'éloigner ; et moi aussi je ne le vois jamais que je ne frémisse.

AGAMEMNON.

Nos cruels aïeux ont gravé dans nos cœurs

en caractères de sang, une haine réciproque. La raison peut bien la maîtriser en moi, mais rien ne pourra jamais l'éteindre.

SCÈNE IV.

CLYTEMNESTRE, AGAMEMNON, ELECTRE.

CLYTEMNESTRE.

Grand roi, pourquoi prolonger par un nouveau retard l'attente de ton peuple. Déjà l'encens fume sur les autels sacrés. Les chemins qui conduisent au temple, jonchés de fleurs, sont inondés des flots d'une multitude innombrable, qui fait retentir jusqu'au ciel le nom d'Agamemnon.

AGAMEMNON.

J'aurais déjà satisfait mon peuple aussi bien que moi, si jusqu'à présent Egiste ne m'avait retenu ici plus long-temps que je ne le voulais sans doute.

CLYTEMNESTRE.

Egiste?

AGAMEMNON.

Egiste. Dis-moi pourquoi n'ai-je pas appris de toi qu'il était dans Argos?

CLYTEMNESTRE.

Seigneur,... au milieu de tant d'autres soins qui t'occupaient, je ne croyais pas qu'il pût donner lieu....

AGAMEMNON.

Egiste n'est rien par lui même, il est vrai; mais tu le sais, il naquit d'un sang fatal au mien. Je suis loin de croire qu'il vient ici pour nous nuire ; (et le pourrait-il ?) mais toutefois au milieu des fêtes célébrées dans Argos pour mon retour, sa présence ne m'est que désagréable ; je lui ai commandé de partir demain.... En attendant qu'une joie pure règne en ces lieux, je vais au temple, chère Clytemnestre, pour me rendre les Dieux encore plus favorables. De grâce, fais que je revoie briller sur ton visage ton aimable sourire. Ce sourire fut jadis pour moi le gage d'une heureuse paix. Il n'est pas de bonheur pour moi, tant que je ne le reverrai pas.

SCÈNE V.

ELECTRE, CLYTEMNESTRE.

ELECTRE.

Excellent roi, meilleur époux.

ACTE III, SCÈNE V.

CLYTEMNESTRE.

Malheureuse ! je suis trahie. Electre, tu m'as trahie; est-ce ainsi que tu gardes ta foi? Tu as révélé au roi la présence d'Egiste; d'où saurait-il?...

ELECTRE.

Je ne l'ai pas même nommé, je te le jure. Il l'a su par une autre voie. Chacun recherche à l'envie, par mille moyens, la faveur du roi; chacun veut se rendre utile au roi. Tu dois être surprise qu'il ne l'ait pas appris plutôt.

CLYTEMNESTRE.

Mais que lui reproche-t-il? de quoi le soupçonne-t-il? As-tu entendu leur entretien? Pourquoi le chasse-t-il? Et lui, que répondait-il? Atride lui a-t-il parlé de moi?

ELECTRE.

Rassure-toi, ma mère, il n'y a aucun soupçon dans le cœur d'Atride. Il ne pense pas même que tu puisses le trahir; aussi ne dois-tu pas le trahir. Ses paroles à Egiste n'étaient pas celles d'un ennemi.

CLYTEMNESTRE.

Mais cependant il veut qu'il sorte d'Argos sans aucun délai.

ELECTRE.

O que tu es heureuse ! te voilà retirée du

bord du précipice, avant que tu t'y avances davantage.

CLYTEMNESTRE.

Il partira!

ELECTRE.

Par son départ le secret est désormais enseveli; tu possèdes encore tout entier le cœur de ton époux. Il ne désire rien autant que ton amour. Les infâmes adulateurs n'ont pas encore versé leur coupable poison dans son cœur; il est encore pur de leurs atteintes. Malheur à toi, si ces êtres aussi vils que pervers voient chanceler un instant entre vous, l'amour, la paix et la confiance! aussitôt ils lui raconteront..... Ah! ma mère, ah! si tu as pitié de toi, de nous, de cet Egiste lui-même, qu'il sorte d'Argos, pour se dérober au courroux du roi.....

CLYTEMNESTRE.

Si je perds Égiste, que me reste-t-il à craindre?

ELECTRE.

Le déshonneur.

CLYTEMNESTRE.

O ciel!... laisse-moi désormais à ma terrible destinée.

ELECTRE.

Ah! non; qu'espères-tu? et que feras-tu?

CLYTEMNESTRE.

Laisse-moi, fille innocente d'une mère criminelle. Tu ne m'entendras plus jamais nommer Égiste; je ne veux point souiller ton cœur; ma malheureuse fille ne doit point prendre part à mes coupables soupirs.

ELECTRE.

Ah! ma mère!

CLYTEMNESTRE.

Laisse-moi, seule, avec mes pensées, avec la funeste flamme qui me dévore... Je te l'ordonne.

SCÈNE VI.

ELECTRE.

Malheureuse Électre!... malheureuse mère!... Oh! quel orage nous menace? Que sera-ce, ô Dieux, si vous ne le dissipez?

FIN DU TROISIÈME ACTE.

ACTE IV.

SCÈNE PREMIÈRE.

ÉGISTE, CLYTEMNESTRE.

EGISTE.

Reine, voici notre dernier adieu; que je suis malheureux! Je me vois chasser de ces lieux, que je voulais quitter de moi-même. Toutefois, je ne me repents pas de t'avoir obéi en restant. Un aussi grand outrage souffert par ton ordre, et pour l'amour de toi, s'il t'est agréable, me devient cher. C'est une autre, une bien autre douleur pour moi de t'abandonner, et de n'avoir plus l'espérance de te revoir jamais, jamais.

CLYTEMNESTRE.

Égiste, je mérite tous tes reproches, je le sens, et bien que je n'en entende aucun de ta bouche, ta douleur, ton horrible destin, ne me déchirent que trop le cœur. Pour moi, tu souffres une telle honte; et moi, je suis prête à souffrir pour toi, tous les coups du sort, les outrages, les supplices, la mort, et s'il devient nécessaire, même l'infamie. Il est temps, il est temps d'agir. Moi, que je t'abandonne jamais? Ah! crois bien qu'il n'en peut-être ainsi, tant que je respirerai.

EGISTE.

Veux-tu donc maintenant te perdre toi-même avec moi? Ah! cesse de t'abuser; envain, tu affrontas la haute puissance, la puissance absolue d'un maître absolu. Tu le sais, la seule raison qu'il connaisse, la seule qu'il entende dans les autres, ce sont les armes.

CLYTEMNESTRE.

Si l'on ne peut l'affronter, on peut le tromper; et je veux en faire l'essai. Il a fixé le prochain lever du soleil pour ton départ; eh bien! le prochain lever du soleil me verra m'associer à ton départ.

EGISTE.

O ciel! que dis-tu? tu me fais trembler. Autant ton amour est grand, autant et plus, m'est cher ton honneur.... Ah! non; je ne dois pas le souffrir, et je ne le veux pas; un jour viendrait ensuite, un jour peut-être tardif, mais affreux, viendrait, où je t'entendrais toi-même appeler Égiste, la cause de ton déshonneur. L'exil me sera moins pénible, la mort (vers laquelle, une fois loin de toi, je cours à grands pas), la mort me sera moins dure, que le malheur d'entendre jamais de ta bouche un semblable reproche.

CLYTEMNESTRE.

Toi seule est la cause de ma vie ; penses-tu que jamais je t'appelle la cause de mon déshonneur, toi qui me plonge le poignard dans le sein, si tu persistes à m'abandonner.

EGISTE.

Je te plonge un poignard dans le sein, si je suis assez cruel pour t'emmener avec moi. Hélas ! quand tu réussirais à fuir, qui pourrait jamais nous soustraire au terrible courroux d'Atride? Quel asyle, quelle défense y a-t-il contre son bras? Hélène fut enlevée, le fils d'un roi puissant, l'emmena dans son royaume, mais que sert-il au ravisseur, d'avoir de l'audace et des armes, et des murs, et des tours? de vive force, au sein de son palais, sous les yeux de son père, aux pieds des autels sacrés, au milieu des cris, au milieu des larmes, du sang et des menaces des siens, sa proie ne lui fut-elle pas enlevée avec son royaume et la vie? Et moi, privé de ton secours, exilé, fugitif, que pourrai-je faire? Tu le vois, ton dessein est impraticable par lui-même. Tu n'aurais que la honte d'avoir tenté une fuite ignominieuse, et moi, te possédant et te perdant en même-temps, j'en recueillerais l'infamie, et la peine due à un ravisseur. Voilà le sort qui nous menace si tu t'obstines à fuir.

CLYTEMNESTRE.

Tu ne sais voir que des obstacles, le véritable amour en connut-il jamais?

EGISTE.

Le véritable amant traîna-t-il jamais à une perte certaine, l'objet de son amour? Laisse-moi seul, braver le danger; et je te ferai voir alors, si je connais encore les obstacles? et si je m'en inquiète.... Je vois bien, je vois que tu ne te soucies plus de la vie; je vois bien que l'honneur t'est moins cher que ton amour. Tu m'aimes cent fois plus que je ne le mérite. Ah! si je pouvais guérir la plaie de ton cœur, le ciel sait, si je ne le ferais pas à tout prix. oui, je ferais tout, tout.... hormis cesser de t'aimer, car cesser de t'aimer, je ne le puis; je puis bien mourir, et même je le désire.... Mais, si cependant, je dois te voir exposer pour moi, à un péril manifeste, et ta vie et ton honneur.... Reine, trouvons au moins, des moyens plus sûrs.

CLYTEMNESTRE.

Plus sûrs? en est-il d'autres?....

EGISTE.

Partir.... te fuir.... mourir, voilà les seuls moyens que j'aie. Pour toi, loin de moi, et sans espoir de me revoir jamais, tu m'auras bientôt banni de ton cœur. Le grand Atride y réveillera un bien autre amour; à ses côtés, tu passeras encore des jours heureux.... Je te le souhaite du moins. Désormais, je ne puis te donner une preuve plus véritable de mon amour, que de partir.... preuve terrible, cruelle, et aussi la dernière.....

CLYTEMNESTRE.

Il est en notre pouvoir de mourir; si mourir devient nécessaire.... Mais quoi? ne nous reste-t-il rien à tenter auparavant?

EGISTE.

Un autre parti, peut-être, nous reste encore.... mais affreux....

CLYTEMNESTRE.

Lequel?

EGISTE.

Il est cruel.

CLYTEMNESTRE.

Mais certain?

EGISTE..

Ah! certain, que trop!

CLYTEMNESTRE.

Et tu me le tais?

EGISTE.

Et tu me le demandes?

CLYTEMNESTRE.

Quel est-il?.. Je l'ignore... Parle, je me suis trop avancée, je n'ai plus à reculer : Atride, peut-être, déjà me soupçonne; peut-être a-t-il déjà le droit de me mépriser; je suis donc déjà contrainte de l'abhorrer; désormais, je ne puis plus vivre auprès de lui, je ne le veux, je ne l'ose plus... Egiste, enseigne-moi, quelqu'il soit, un moyen de me soustraire à lui pour toujours.

EGISTE.

Te soustraire à lui? je te l'ai déjà dit, la chose est maintenant impossible.

CLYTEMNESTRE.

Et que me reste-t-il donc à tenter?

EGISTE.

Rien.

CLYTEMNESTRE.

A présent, je t'entends... Oh! quel horrible trait de lumière éclaire subitement les ténèbres de mon esprit! Oh! quelle ardeur bouillante je sens dans mes veines!... J'entends, le cruel remède... le seul remède... c'est le sang d'Atride.

ÉGISTE.

Je me tais.

CLYTEMNESTRE.

Mais, te taire, c'est me le demander.

ÉGISTE.

Loin de là, je te le défends... Sa vie est le vrai, le seul obstacle à notre amour et à ta vie (je ne parle pas de la mienne); mais néanmoins, sa vie, tu le sais, elle est sacrée; tu dois l'aimer, la respecter, la défendre; et moi, je dois la redouter... C'en est assez, l'heure s'avance, et ce long entretien pourrait faire naître le soupçon... A la fin, reçois... le dernier adieu... d'Égiste.

CLYTEMNESTRE.

Par pitié! écoute-moi... Atride seul... s'oppose-t-il à notre amour... à ta vie?.. Oui, il n'y a pas d'autre obstacle; il n'est que trop vrai, sa vie est la mort pour nous deux!

ÉGISTE.

De grâce, ne prends pas garde à mes paroles : l'amour me les a fait dire.

CLYTEMNESTRE.

Et moi, l'amour me les a fait entendre.

EGISTE.

Ton âme n'est-elle pas saisie d'horreur ?

CLYTEMNESTRE.

D'horreur ?... oui,... mais t'abandonner !

EGISTE.

Et aurais-tu un courage suffisant ?..

CLYTEMNESTRE.

Un amour suffisant, pour ne rien craindre au monde.

EGISTE.

Le roi est entouré des siens : quelle main, quel fer, peut se faire jour jusqu'à son sein ?

CLYTEMNESTRE.

Quelle main ?... quel fer ?

EGISTE.

Tu le vois, ici, la force ouverte, serait vaine.

CLYTEMNESTRE.

Mais... la trahison... Cependant...

EGISTE.

Il est vrai, Atride ne mérite pas d'être trahi, lui qui a tant d'amour pour son épouse; qui traîne, enchaînée à sa suite, Cassandre, venue de Troie, sous le nom d'une esclave, tandis que lui, lui-même en est l'amant et l'esclave, oui....

CLYTEMNESTRE.

Qu'entends-je?

EGISTE.

Attends cependant, que fatigué de toi, il partage avec elle, son trône et son lit; attends qu'à la perte de tes droits se joigne la honte; et seule désormais, toi seule, ne t'indignes pas de ce qui excite l'indignation de tout Argos.

CLYTEMNESTRE.

Faire de Cassandre, mon égale?

EGISTE.

Ainsi le veut Atride.

CLYTEMNESTRE.

Périsse Atride!

EGISTE.

Et comment? de quelle main?

CLYTEMNESTRE.

De cette main, cette nuit, dans ce lit qu'il espère partager avec l'esclave abhorrée.

EGISTE.

O ciel! mais pense...

CLYTEMNESTRE.

Je suis déjà résolue...

EGISTE.

Mais... si tu te repents.

CLYTEMNESTRE.

Si je me repents, c'est d'avoir trop tardé.

EGISTE.

Cependant...

CLYTEMNESTRE.

Je le veux, je le veux, ne le voulusses-tu pas; que je te laisse traîner à une mort cruelle, toi, qui seul mérites mon amour? Que je laisse vivre celui qui méprise mon amour? Demain, je te le jure, tu seras roi dans Argos. Ni la main, ni le cœur ne me tremblera... mais qui vient?

EGISTE.

Electre...

CLYTEMNESTRE.

O ciel! fuyons la, compte sur moi.

SCENE II.

ELECTRE

Egiste me fuit et il a raison; mais je vois ma mère se dérober aussi à mes regards. Malheureuse mère! elle n'a pas su résister au coupable désir de voir Egiste une dernière fois... Ils se sont entretenus long-temps ici... Mais je trouve à Egiste l'air trop audacieux, trop assuré pour un homme qui part exilé... Et Clytemnestre me paraît bien troublée; mais elle semble avoir plus de colère et de rage, que de douleur... O ciel! qui sait, jusqu'où ce scélérat avec ses détestables artifices aura pu l'égarer? Et à quelle extrémité il aura pu la porter? Combien, combien je crains maintenant. Oh! que de crimes! oh! quels crimes j'entrevois!... Cependant, si je parle? j'assassine ma mère.... et si je me tais?...

SCÈNE III.

ELECTRE, AGAMEMNON.

EGISTE.

O mon père, dis-moi, as-tu vu Clytemnestre.

AGAMEMNON.

Je croyais la trouver en ces lieux. Mais elle ne tardera pas à s'y rendre.

ELECTRE.

Je le désire ardemment.

AGAMEMNON.

N'en doute pas, je l'attends; elle sait que je veux l'entretenir ici.

ELECTRE.

O mon père, Egiste est encore dans Argos.

AGAMEMNON.

Tu le sais, je lui ai donné le jour tout entier; il va finir; demain il s'éloignera de nous pour toujours.... Mais quelle pensée, ma fille trouble ainsi tes esprits? Tu jettes autour de toi des regards inquiets et tu pâlis! Qu'y a-t-il? Tu essayes mille fois de me parler d'Egiste, puis tu te tais.

ELECTRE.

Je voudrais voir Egiste loin d'ici, et je ne sais pourquoi... Daigne m'en croire; pour un homme qui attend le moment et le lieu de faire le mal, une nuit est bien longue : la nuit d'ordinaire sert de voile à tous les crimes. Cher auteur de mes jours, avant que le soleil se lève, je t'en conjure, fait qu'Egiste exilé sorte d'Argos.

AGAMEMNON.

Oh! que dis-tu? Il est donc mon ennemi? Le saurais-tu? Ourdirait-il quelques trames contre moi?

ELECTRE.

Des trames, je n'en connais pas... Cependant... Je ne le crois pas.... Mais il est fils de Thyeste.. Je sens dans mon cœur, un pressentiment vague, mais funeste et cruel. Peut-être ma crainte est-elle excessive, mais elle a quelque chose de réel. Mon père, crois-moi, tu ne dois point la mépriser, bien que je ne puisse ou ne sache l'exprimer; je t'en conjure... je retourne auprès d'Oreste; je veux demeurer sans cesse à ses côtés. O mon père, je te le dis encore une fois, plutôt Egiste s'éloignera, plus nous serons certains de jouir d'une paix entière.

SCÈNE IV.

AGAMEMNON.

O haine d'Atrée, haine à jamais implacable! Comme tu as passé avec le sang dans le sein de tes neveux! Ils frémissent au nom de Thyeste. Mais quoi? si à son aspect seul, le vainqueur de Troie frémit, est-il donc étonnant que le cœur d'une jeune fille palpite et tremble à un tel aspect?... Quoiqu'il trame, un seul signe de ma part, peut anéantir toutes ses trames et lui-même. Mais un simple soupçon doit-il me rendre cruel? Ce serait une lâcheté de hâter de quelques heures l'exil auquel déjà je l'ai condamné. Enfin, si je tremble, la faute en est-elle à lui? Et doit-il en subir la peine?

SCÈNE V.

AGAMEMNON, CLYTEMNESTRE.

AGAMEMNON.

Viens, chère épouse, viens, toi qui le peux seule, délivre-moi des doutes fâcheux qu'Electre m'a laissés dans le cœur.

CLYTEMNESTRE.

Electre?... des doutes?... Que t'a-t-elle dit? O ciel! Elle t'aime autant, et dans ce jour elle consent à t'attrister par des doutes mal fondés?... Cependant, quels sont ces doutes?

AGAMEMNON.

Egiste....

CLYTEMNESTRE.

Qu'entends-je?

AGAMEMNON.

Egiste dont tu ne me parles jamais, semble troubler le repos et l'esprit d'Electre?

CLYTEMNESTRE.

..... Et ne l'as tu pas chassé d'Argos?... Quelles craintes cause-t-il à Electre?

AGAMEMNON.

Ah! Tu n'es pas comme nous, du sang d'Atrée; la pensée d'un autre ne peut coucevoir quelle est l'horreur qu'inspire à notre sang, le sang de Thyeste. Toutefois, je ne cède pas tellement aux terreurs d'une timide jeune fille, que je change rien à ce que j'ai déjà arrêté : Egiste s'éloignera et cela me suffit. Enfin, mon cœur sera libre de toute inquiétude. Il serait temps, bien temps, chère Clytemnestre, que tu me découvrisses la douleur grave, qui pèse sur ton cœur, et que je lis malgré toi sur ton visage. Si tu me la caches, à qui la confieras-tu ? Si je suis la cause de ton chagrin, qui, mieux que moi, peut y remédier, ou l'adoucir, ou le partager avec toi ?... O ciel !.. Tu gardes le silence ? Tes yeux demeurent fixés sur le sol ? Ils sont immobiles, gonflés de larmes... Hélas ! Electre ne m'a que trop dit la vérité !

CLYTEMNESTRE.

La vérité ?... Electre t'a parlé de moi... Tu crois...

AGAMEMNON.

Elle t'a trahie vis-à-vis de moi, elle t'a trahie. Elle m'a révélé la source de ta douleur...

CLYTEMNESTRE.

O ciel ? Elle t'a peut-être représenté ma foi comme douteuse ?... Ah ! je le vois bien ; Electre eut toujours peu d'amour pour moi.

AGAMEMNON.

Tu te trompes. Elle m'a parlé de toi, comme une fille pieuse doit parler de sa mère; si elle eût fait autrement, l'aurais-je écoutée?

CLYTEMNESTRE.

Et que t'a-t-elle dit?

AGAMEMNON.

Ce que tu devais d'abord me dire avec franchise et sans rougir; que le souvenir cruel de la mort de ta fille afflige encore ton cœur.

CLYTEMNESTRE.

D'Iphigénie?... Je respire. — Ce jour, certes, me sera toujours fatal...

AGAMEMNON.

Que puis-je dire que tu ne saches aussi bien que moi? Dans tous les cœurs, excepté dans le tien, je trouve de la pitié pour mon malheur; mais, si cependant pour soulager ta douleur que le temps n'a pas effacée, tu as besoin de l'abandonner aux reproches ou aux larmes, que ne m'adresses-tu librement des reproches? Je les souffrirai, bien que je ne les mérite point; ou pourquoi ne pleures-tu pas avec moi? Dédaignes-tu mes larmes? Tu sais, si au souvenir de notre fille je verserais des larmes avec toi! Ah! chère épouse, si tu me hais encore, de grâce, dis-le moi: un courroux déclaré m'affectera moins qu'une affection mensongère.

CLYTEMNESTRE.

Peut-être, pour n'être plus le même que jadis, me vois-tu plus changée que je ne le suis en effet. Je le dirai donc: Cassandre, oui, Cassandre, est peut-être celle qui me rend moins agréable à tes yeux...

AGAMEMNON.

O ciel! Cassandre? O Reine, que me reproches-tu? et tu le crois? Après la ruine de Troie, tu le sais, le partage des riches dépouilles s'étant fait entre nous, cette fille d'un sang illustre, que le fer des Grecs priva de patrie et de père, m'échut par le sort. La loi du vainqueur, loi funeste mais consacrée par l'usage, veut maintenant que je la traîne après moi, chargée de fers, dans Argos; triste exemple des vicissitudes humaines! Je déplore, il est vrai, le destin de Cassandre; mais je n'aime que toi seule. Ne le crois-tu pas? Je te donne Cassandre, pour te prouver combien je dis la vérité; tu peux la soustraire à mes regards; tu peux en disposer à ton gré. Seulement, je veux te rappeler, qu'elle est la fille malheureuse d'un roi puissant, et que la traiter avec dureté serait une chose indigne d'une âme royale.

CLYTEMNESTRE.

Tu ne l'aimes pas?... O ciel!... Malheureuse que je suis!... Et tu m'aimes encore autant?... Mais, que je t'enlève ta proie? Ah! non, elle t'appartient bien; elle te coûte trop de temps, de sueurs, d'alarmes et de sang.

AGAMEMNON.

Cesse, de grâce, cesse. Vois-tu maintenant, ce que valent la dissimulation et le silence? Si une telle pensée est la cause de tes tourmens, et si la jalousie a trouvé place dans ton cœur, ton mal est désormais guéri dans sa racine. Viens, Clytemnestre, viens te convaincre par toi-même, que Cassandre, dans ton palais, ne peut-être que la première des esclaves qui t'obéissent.

FIN DU QUATRIÈME ACTE.

ACTE V.

SCÈNE PREMIÈRE.

CLYTEMNESTRE.

Voici l'heure... Agamemnon repose plongé dans le sommeil... Et ses yeux ne s'ouvriront plus jamais à la lumière? Cette main qu'il reçut pour gage d'un chaste amour et d'une foi constante, ma main va devenir l'instrument de son trépas?... Et j'ai pu jurer autant... Oui, il n'est que trop vrai... je dois l'accomplir.... Allons.... Tout mon être tremble, les pieds, le cœur, les mains... Malheureuse que je suis! Qu'ai-je promis?... Misérable, que vais-je faire?... O comme toute espèce de courage disparaît en moi, aussitôt qu'Égiste disparaît! Je ne vois plus que l'immense atrocité de mon crime abominable; je ne vois plus que l'ombre sanglante d'Atride... Spectacle cruel!... En vain je t'impute des crimes: ah! non, non tu n'aimes pas Cassandre; tu m'aimes bien plus que je ne le mérite, et tu n'aimes que moi seule. Tu n'as d'autre crime au monde que d'être mon époux. Atride, ô ciel ! par ma main, tu passerais des bras du sommeil dans les bras de la mort ?... Et où me cacher ensuite ?.. O trahison !.. Quelle paix puis-je espérer désormais ?.. Quelle vie horrible de remords, de larmes et de rage !.. Egiste lui-même, Egiste, comment osera-t-il reposer à côté d'une infâme épouse parricide, dans un lit souillé de sang, et ne pas trembler pour lui-même ?.. Horrible instrument de ma honte et de tous mes malheurs, loin de moi, fer exécrable, loin de moi. Je perdrai mon amant, avec lui je perdrai la vie ; mais un si grand héros ne périra pas égorgé par moi. Honneur de la Grèce, terreur de l'Asie, vis pour la gloire, vis pour de tendres enfans... et pour une meilleure épouse... Mais quels pas silencieux ?... Qui vient dans ces lieux au milieu des ténèbres de la nuit ?.. Egiste ?.. Ah ! Je suis perdue !..

SCÈNE II.

EGISTE; CLYTEMNESTRE.

ÉGISTE.

As-tu accompli l'œuvre ?

CLYTEMNESTRE.

Egiste...

EGISTE.

Que vois-je? ici, maintenant tu t'abandonnes aux larmes? Les larmes ne sont pas de saison; elles sont tardives; elles sont vaines; elles peuvent coûter cher.

CLYTEMNESTRE.

Toi ici?... Et comment?... Malheureuse que je suis! que t'ai-je promis? quel projet affreux?

EGISTE.

Et ce projet ne fut-il pas le tien? L'amour te l'inspira, la crainte t'en détourne.. Allons, puisque tu te repens, je m'en réjouis, je mourrai du moins avec le plaisir de ne pas te savoir coupable. Je te le disais, que l'entreprise était difficile; mais pleine d'une confiance démesurée dans un courage mâle que tu n'as pas, tu as osé choisir toi-même ta débile main pour frapper un tel coup. Veuille maintenant le ciel que la pensée même du crime ne tourne pas à ta perte! Pour moi à la faveur des ténèbres je reviens, furtivement ici, sans être aperçu, je l'espère du moins. Il était nécessaire que je t'annonçasse moi-même que ma tête est irrévocablement dévouée à la vengeance de ton roi.

CLYTEMNESTRE.

Que dis-tu? et d'où le sais-tu?

EGISTE.

Plus qu'il ne l'a voulu, Atride, est déjà informé de notre amour; et moi j'ai déjà reçu de lui l'ordre de ne plus quitter Argos. Au jour naissant il veut que je paraisse devant lui ; tu prévois qu'une telle entrevue sera pour moi la mort. Mais ne crains rien ; j'emploirai tout mon art pour n'inculper que moi.

CLYTEMNESTRE.

Qu'entends-je? Atride sait tout?

EGISTE.

Il ne le sait que trop; mais le plus sûr, le meilleur parti, sera de me soustraire par une mort prompte, à un examen périlleux. Ainsi je sauve ton honneur, ainsi je me dérobe à une mort ignominieuse. Je suis venu pour te donner un dernier avis de ce qui arrive, pour te faire mes derniers adieux, et rien de plus...: Vis, et conserve avec ta vie ton honneur. Que mon sort n'appelle plus ta pitié; je suis trop heureux, s'il m'est permis de mourir pour toi, de ma propre main.

CLYTEMNESTRE.

Egiste... O ciel!... Quelle fureur tes discours rallument dans mon sein! serait-il vrai?... Ta mort?...

EGISTE.

Est plus que certaine.

CLYTEMNESTRE.

Et moi je t'assasine!..

EGISTE.

Moi je veux te sauver.

CLYTEMNESTRE.

... Qui te conduit en ma présence, quelle furie vomie par l'Averne ici guide tes pas, ô Egiste? Ne devant plus te revoir, je mourais de douleur; mais au moins je mourais innocente. Maintenant, malgré moi, je suis de nouveau poussée par ton aspect à un crime abominable... O ciel! un tremblement inconnu s'empare de tous mes sens... Serait-il vrai; ne reste-il plus d'autre ressource?... Mais qui révéla notre amour?

EGISTE.

Quelle autre qu'Electre ose parler de toi à son père? Quelle autre ose te nommer au roi? Ta fille dénaturée te plonge le fer dans le sein; et veut te ravir l'honneur avant la vie.

CLYTEMNESTRE.

Et dois-je le croire?... Hélas!...

EGISTE.

Crois-en donc mon glaive, si tu ne me

crois pas. Au moins, que je périsse à temps...

CLYTEMNESTRE.

O ciel! que fais-tu? Remets ce glaive. Je le veux. — O nuit cruelle!.. Ecoute... Atride n'a peut-être pas dans la pensée.....

EGISTE.

Que dis-tu, peut-être?... Atride offensé, Atride roi, dans sa superbe pensée ne médite à présent que vengeance et que sang. Ma mort est certaine, la tienne douteuse; mais s'il te conserve la vie, pense ce qu'elle sera, et si l'on m'a vu entrer ici seul et à une heure aussi avancée... O ciel! combien je frémis pour toi! L'aurore va bientôt se lever pour te tirer d'un doute cruel; moi je ne l'attends pas, j'ai résolu de mourir auparavant... Pour toujours... adieu...

CLYTEMNESTRE.

Arrête... Non tu ne mourras pas.

EGISTE.

Non, certes, je ne mourrai pas d'une autre main que de la mienne... ou de la tienne, si tu le veux. De grâce! prends ce fer, tue moi; traîne moi à demi mort, expirant, devant ton juge sévère; mon sang te disculpera hautement.

CLYTEMNESTRE.

Que dis-tu?.. Hélas! que je suis malheureuse!.. Je te perdrais?

EGISTE.

Quelle main est la tienne, qu'elle main qui ne suffit, ni pour frapper celui qui t'aime le plus, ni pour frapper celui qui t'abhorre le plus? La mienne doit donc y supléer.

CLYTEMNESTRE.

Oh!.. non...

EGISTE.

Veux-tu la mort d'Atride, ou la mienne?

CLYTEMNESTRE.

Quel choix!..

EGISTE.

Et cependant, tu dois choisir.

CLYTEMNESTRE.

Moi donner la mort?..

EGISTE.

Ou la recevoir, et me voir périr avant toi...

CLYTEMNESTRE.

... Ah! oui le crime n'est que trop nécessaire.

EGISTE.

Et le temps presse.

CLYTEMNESTRE.

Mais... la force... l'audace.

EGISTE.

Audace, force, tout enfin, l'amour te le donnera.

CLYTEMNESTRE.

D'une main tremblante... moi dans le sein de mon époux...

EGISTE.

Une main sûre ne te manquera pas pour percer à coups redoublés le cœur du cruel meurtrier de ta fille.

CLYTEMNESTRE.

Loin de moi... tantôt... je jetai le fer.

EGISTE.

En voici un, il est d'une bien autre trempe : il est encore teint du sang des enfans de Thyeste. Hâte-toi de le laver dans le sang impie d'Atrée ; va cours : il ne te reste que peu d'instans ; va. Si tu diriges mal le coup, ou si tu viens à te repentir avant de le frapper, Clytemnestre, ne retournes plus dans ce lieu ; tu me trouverais ici percé de ma propre main, et noyé dans les flots de mon sang. Va, ne tremble pas, ose, entre, tue l'infâme Atride.

SCÈNE III.

EGISTE, AGAMEMNON en dedans.

EGISTE.

Sors maintenant, Thyeste, des profondeurs de l'Averne; sors, il en est temps; montre dans ce palais ton ombre terrible. Un large festin de sang s'apprête pour toi; déjà, déjà le fer nud menace le sein du fils de ton infâme ennemi, déjà le coup est levé; il s'échappe de la main de sa perfide épouse; c'était à elle de le faire, non pas à moi; la vengeance te sera d'autant plus agréable que le crime est plus grand... Prête attentivement l'oreille avec moi; ne crains pas qu'elle manque de l'accomplir. L'amour, le ressentiment, et la terreur poussent cette femme criminelle à un forfait nécessaire.

AGAMEMNON.

O trahison!.. Toi, mon épouse?.. O ciel!.. Je meurs... O trahison!..

EGISTE.

Meurs, meurs. Et toi redouble, femme, redouble tes coups; ensevelis le poignard tout entier dans son sein! répands jusqu'à la dernière goutte de ce sang impie; le cruel, il voulait se baigner dans notre sang.

SCÈNE IV.

CLYTEMNESTRE, EGISTE.

CLYTEMNESTRE.

Où suis-je? Et qu'ai-je fait?...

EGISTE.

Tu as immolé le perfide; à la fin tu es digne de moi.

CLYTEMNESTRE.

Le poignard dégoutte de sang... Mes mains, mes vêtemens, mon visage, tout n'est que sang... O quelle vengeance naîtra de ce sang!... Je vois déjà, je vois ce même fer se retourner contre mon sein... Dieux! quelle main le brandit... je suis glacée d'horreur, je frémis... je chancelle. O ciel!... Les forces me manquent... et la voix et l'haleine... Où suis-je?... Qu'ai-je fait?... Ah malheureuse...!

EGISTE.

Déjà le palais tout entier retentit de cris funestes; maintenant il est temps de me montrer tout ce que je suis; il est temps maintenant de recueillir le fruit de mes longues souffrances... Je cours...

SCÈNE V.

ELECTRE, ÉGISTE, CLYTEMNESTRE.

ELECTRE.

Infame, vil assassin de mon père, il te reste à me tuer... Que vois-je? O ciel!.. Ma mère? femme abominable, tu tiens le fer dans ta main. Tu as commis le parricide? O spectacle épouvantable!

ÉGISTE.

Tais-toi; laisse-moi sortir; je reviens à l'instant; tremble maintenant, je suis roi d'Argos. Mais le trépas d'Oreste m'importe trop, bien plus que celui d'Electre.

SCÈNE VI.

ELECTRE, CLYTEMNESTRE.

CLYTEMNESTRE.

Oreste?.. O ciel!.. Je te connais à présent Egiste...

ELECTRE.

Donne, donne-moi ce fer.

CLYTEMNESTRE.

Egiste!... Arrête... Egorger mon fils? Tu m'immoleras auparavant.

SCÈNE VII et DERNIÈRE

ELECTRE.

O nuit affreuse ! O malheureux père ! Je vous rends grâces, ô Dieux, de cette pensée que j'eus de mettre d'abord Oreste en sûreté. Vil assassin, tu ne le trouveras pas... Vis, Oreste, vis; je conserve ce fer pour ton adolescence. Un jour, je l'espère, tu reviendras dans Argos, venger le trépas de ton père.

FIN DU CINQUIÈME ET DERNIER ACTE.

ORESTE,

TRAGÉDIE EN CINQ ACTES,

TRADUITE EN FRANÇAIS,

PAR M. ALPHONSE TROGNON.

PERSONNAGES.

EGISTE.
CLYTEMNESTRE.
ÉLECTRE.
ORESTE.
PILADE.
Soldats.
Suite d'Oreste et de Pilade.

La Scène est à Argos, dans le palais.

ORESTE.

ACTE PREMIER.

SCÈNE PREMIÈRE.

ÉLECTRE.

O nuit! nuit funeste, atroce et terrible, toujours présente à ma pensée; chaque année, depuis deux lustres, qui s'accomplissent aujourd'hui même, je te vois revenir sanglante et revêtue d'affreuses ténèbres: et cependant le sang qui doit t'expier ne coule pas encore... O souvenir! ô spectacle! Agamemnon, malheureux père, au sein de ce palais, je t'ai vu égorgé; égorgé! et par quelle main! O nuit! tu me vois au moins rendre un secret hommage à sa tombe sacrée. Ah! pourvu qu'Egiste, avant le retour du jour, ne vienne pas troubler les larmes dont j'apporte le tribut annuel à la cendre paternelle; seul tribut que j'aie pu t'apporter jusqu'ici, ô mon père, des larmes et l'espoir non encore éteint de te voir un jour vengé ! Ah ! oui, je te le jure : si je vis dans Argos, au milieu de ton palais, à côté d'une mère impie, si je vis l'esclave d'un Égiste, l'espoir de la vengeance seul, me fait supporter une pareille vie. Oreste est éloigné, mais il vit. Je t'ai sauvé, mon frère; je me conserve pour toi, jusqu'à ce que le jour arrive où tu feras couler sur la tombe paternelle non des pleurs, mais le sang d'un ennemi.

SCÈNE II.

ELECTRE, CLYTEMNESTRE.

CLYTEMNESTRE.

Ma fille.

ELECTRE.

Quelle voix ? O ciel ; tu viens !..

CLYTEMNESTRE.

O ma fille, de grâce, ne me fuis pas ; je veux partager avec toi ce pieux devoir : en-vain Égiste le défend, il ne le saura pas. De grâce, viens ; allons ensemble à la tombe.

ELECTRE.

De qui ?

CLYTEMNESTRE.

De... ton... malheureux... père.

ELECTRE.

Pourquoi ne pas dire de ton époux? Tu ne l'oses pas, et tu fais bien. Mais comment pourras-tu approcher de lui, toi, encore souillée de son sang?

CLYTEMNESTRE.

Deux lustres se sont écoulés depuis ce jour fatal, et depuis deux lustres entiers je pleure mon crime.

ELECTRE.

Et quel temps peut suffire pour l'expier? Tes larmes seraient éternelles, que ce ne serait rien encore. Ne le vois-tu pas? ces murs funestes sont encore humides du sang que tu as répandu : ah! fuis : regarde, à ton aspect, ce sang rougit, il semble se ranimer. Fuis, ô toi que je ne puis désormais, ni ne dois appeler ma mère : va-t-en, retourne au lit de l'infâme Égiste. Reste à ses côtés, toi qui es son épouse, et ne t'avance pas davantage pour troubler les cendres paisibles d'Agamemnon. Déjà, déjà son ombre terrible et courroucée se lève contre nous et te repousse en arrière.

CLYTEMNESTRE.

Tu me fais frémir.... Tu m'aimais autrefois... O ma fille!.. O remords!... O douleur !... Malheureuse que je suis !.. Et penses-tu que je sois heureuse avec Egiste?

ELECTRE.

Heureuse? et mérites-tu de l'être ! Oh! le ciel a bien pourvu à ce que l'homme ne soit jamais heureux par les crimes. Ton malheur éternel est écrit dans le livre éternel du destin. Tu n'éprouves encore que tes premières souffrances : ta récompense tout entière t'est réservée aux rives du Cocyte. Là tu devras soutenir les regards menaçans et furieux de ton époux assassiné : là, à ton arrivée, tu verras frémir les ombres indignées de nos ayeux, tu entendras l'inexorable juge de l'empire des morts se plaindre de ce qu'aucun supplice n'égale ton forfait.

CLYTEMNESTRE.

Malheureuse ! que puis-je dire?... De la pitié... Mais je n'en mérite pas... Cependant, ma fille, si tu lisais dans mon cœur... Ah! qui pourrait sans colère, porter ses regards au fond de ce cœur, souillé d'une si grande infamie? Je ne puis condamner en toi ni la haine ni la colère. Déjà pendant ma vie, j'éprouve tous les cruels tourmens du ténébreux Averne. A peine le coup fut-il parti de ma main, que soudain, mais trop tard, le repentir s'empara de mon âme tremblante. Depuis

ce moment, ce spectre sanglant, nuit et jour,
épouvante sans cesse mes yeux. Partout où
je vais, je le vois me précéder et me montrer pour chemin une affreuse traînée de sang.
A table, sur le trône, il s'assied à côté de
moi; s'il arrive par fois que sur ma couche
douloureuse, mes yeux se ferment au sommeil, aussitôt, spectacle épouvantable !
l'ombre m'apparaît en songe; d'un bras furieux, elle ouvre son sein déjà déchiré, et
en retire ses deux mains, pleines d'un sang
noir qu'elle me jette au visage... A des nuits
horribles succèdent des jours plus horribles:
ainsi je vis au milieu d'une longue mort... O
ma fille (car quelle que je sois, tu es toujours
ma fille), ne plains-tu pas mes souffrances ?

ELECTRE.

Je te plains, oui je te plains... Mais, dis-moi, dis-moi, n'es-tu pas assise encore sur le
trône usurpé? L'infâme Égiste ne jouit-il pas
avec toi du fruit commun de votre commun
forfait?.. Te plaindre, je ne le dois pas; et
je dois encore moins croire à tes larmes. Va-t-en, rentre, laisse-moi, que j'aille seule accomplir...

CLYTEMNESTRE.

O ma fille, par pitié, écoute-moi.... Attends... Je suis bien malheureuse. Je m'abhorre plus que tu ne me hais... Je connus trop tard Égiste.... Hélas!... que dis-je? A peine Atride mort, je connus toute l'atrocité d'Égiste; cependant je ne cessai pas de l'aimer. J'éprouvai les furies du remords et de l'amour en même temps confondues; et je les éprouve encore. État digne de moi seulement! Je vois trop maintenant, comment Égiste me paie un forfait qui fut le sien. Je vois le mépris déguisé sous un faux amour: mais en suis-je venue au point que je ne puisse désormais expier mon crime que par un nouveau crime?

ELECTRE.

Une mort généreuse expie toutes les fautes. Mais puisque tu n'as pas tourné contre ton sein le fer encore fumant du sang de ton époux; puisque ton bras parricide perdit son courage accoutumé, quand il dut te frapper toi-même; pourquoi n'as-tu pas plongé, ou ne plonges-tu pas ton fer dans le flanc de ce misérable qui t'a ravi l'honneur, la paix et l'estime de tous, qui a ravi le trône à ton Oreste?

CLYTEMNESTRE.

Oreste?.. Oh! quel nom! tout mon sang se glace dans mes veines en l'entendant prononcer.

ELECTRE.

Au nom d'Oreste, le mien se rallume dans toutes mes veines. Toi, tu éprouves l'amour maternel, comme il sied à une telle mère. Mais Oreste est vivant.

CLYTEMNESTRE.

Et que le ciel lui donne une longue vie : seulement qu'il ne tourne jamais ses pas imprudens vers Argos. Je suis une mère bien malheureuse ; je me suis ainsi privée moi-même de mon fils pour toujours ; et je suis forcée, quelque soit mon amour pour lui, d'adresser des vœux aux Dieux pour qu'ils ne le ramènent jamais devant moi.

ELECTRE.

Ah ! que mon amour est tout autre ! Je désire qu'il revienne dans Argos, et j'ai fatigué le ciel en le lui demandant. Je le désire, et c'est ce souhait aussi ardent que cher, qui fait ma vie. J'espère qu'un jour il osera se montrer ici, tel que doit être le fils d'Atride assassiné.

SCÈNE III.

ÉGISTE, CLYTEMNESTRE, ÉLECTRE.

ÉGISTE.

Reine, le jour paraît donc trop court à ta douleur? Déjà tu es levée avant l'aurore pour de nouvelles lamentations? Livre enfin le passé à l'oubli; fais que je coule avec toi des jours plus heureux.

CLYTEMNESTRE.

Tu ne voulais que régner, Égiste, et tu règnes. Quel souci te vient maintenant de mes peines? Mon cœur est éternellement la proie de la douleur; tu le sais.

EGISTE.

Je sais bien quelle est la source qui vient sans cesse entretenir tes chagrins. Tu as voulu à tout prix qu'elle vécût; et je l'ai laissé vivre pour ton malheur et le mien. Mais je veux désormais délivrer tes yeux de ce spectacle d'un deuil insupportable : je veux rendre à ce palais un aspect plus serein, et en bannir les larmes avec celle qui les fait couler.

ELECTRE.

Chasse-moi, mais ce sera néanmoins un séjour de larmes, que le palais où tu habites.

Quelle autre voix peut-on entendre, que la voix de la plainte, dans les lieux où règne un Égiste? mais ce doit être une vive joie pour le fils de Thyeste, de voir pleurer les fils d'Atrée.

CLYTEMNESTRE.

O ma fille.... il est mon époux... Egiste, ah! pense qu'elle est ma fille.

EGISTE.

Elle? c'est la fille d'Atride.

ELECTRE.

Lui? c'est le meurtrier d'Atride.

CLYTEMNESTRE.

Electre!... Egiste, aie pitié d'elle... tu vois ... la tombe... l'horrible tombe;... et tu n'es pas satisfait?...

EGISTE.

O reine, sois moins différente de toi-même. Dis, par quelle main Atride fut-il plongé dans cette tombe?

CLYTEMNESTRE.

O reproche mortel! Que manque-t-il encore au malheur de ma vie? celui qui m'a poussée au crime, m'en renvoie aujourd'hui le remords.

ELECTRE.

O joie nouvelle pour moi! seule joie qui ait consolé mon cœur, depuis deux lustres entiers! Je vous vois enfin irritées l'une contre l'autre, et tourmentées par les remords. J'apprends enfin quelles doivent être les douceurs d'un amour souillé de sang : enfin tout prestige a disparu; enfin, vous vous connaissez l'une et l'autre. Puissent le mépris vous mener à la haine; et la haine à un nouveau meurtre!

CLYTEMNESTRE.

O funeste augure, mais trop mérité! O ciel!... Par pitié!... ma fille...

ÉGISTE.

Toi seule causes nos discordes. Une mère peut bien perdre une telle fille, sans appeler cette perte un malheur. Je puis encore te retirer cette vie qu'avec peine j'accordai à ses prières; mais je n'ai pas l'usage de reprendre les dons que j'ai faits; ne plus te voir, suffit pour notre repos. Aujourd'hui tu deviendras l'épouse du dernier de mes esclaves : tu te retireras au loin avec lui : livrée à l'avilissement d'une infâme pauvreté, tu lui apporteras pour dot tes larmes éternelles.

ELECTRE.

Egiste, peux-tu parler d'une autre infamie que de la tienne? Lequel de tes esclaves sera jamais plus vil que toi? Lequel plus scélérat?

EGISTE.

Sors.

ELECTRE.

Tu m'as conservé la vie, je le sais, pour me faire souffrir davantage; mais quoiqu'il arrive, cette main que le ciel destine peut être à une grande entreprise....

EGISTE.

Sors, je te le répète.

CLYTEMNESTRE.

Par pitié... tais-toi... ô ma fille... sors, je t'en conjure... ensuite, je...

ELECTRE.

Loin de vous il n'est pas de tourment, qui égale celui de vous voir.

SCÈNE IV.

EGISTE, CLYTEMNESTRE.

CLYTEMNESTRE.

Entendre de tous côtés des reproches cruels et les mériter!... O ma vie, quelle mort te fut jamais comparable?

EGISTE.

Je te l'ai déjà dit: nous ne pouvons goûter aucune paix tant qu'elle restera auprès de nous. Depuis long-temps la raison d'état veut qu'elle périsse; mon repos et le tien le demandent aussi : en même temps elle est condamnée par son orgueil insensé; mais tes larmes me commandent de l'absoudre. Cesse donc de t'opposer à son départ, je le veux, et envain, tenterais-tu de t'y opposer.

CLYTEMNESTRE.

Ah! je te l'ai dit bien des fois, quelque soit le destin d'Electre, jamais, non jamais, nous ne goûterons aucune paix; toi, au milieu des soupçons, moi, au milieu des remords, tous deux, parmi une affreuse terreur nous traînerons une vie incertaine et horrible. Pouvons nous en espérer d'autre?

EGISTE.

Je ne tourne pas mes regards en arrière: je pense à l'avenir; je ne puis être heureux tant qu'il existera quelque reste d'Atride. Oreste vit; sa haîne contre nous croît avec les années; il vit avec l'implacable désir d'une vengeance terrible.

CLYTEMNESTRE.

L'infortuné! il vit, mais loin d'ici, inconnu, obscur et sans appui... Cruel! tu te plains près d'une mère, de ce que son fils respire.

EGISTE.

C'est à une mère qui a tué son époux, que je m'en plains. Tu as immolé celui-ci à notre amour, ne dois-tu pas également immoler le fils à ma sécurité?

CLYTEMNESTRE.

Malheureux, tu n'es jamais rassasié de crimes ni de sang! Paroles abominables! Tu m'as autrefois séduite par l'appât d'un amour mensonger; ta conduite barbare me le fit bien connaître ensuite.!... Cependant, je nourris dans mon cœur un amour qui n'est que trop vrai, que trop ardent; et tu ne le sais que trop bien. Juge par là si je pourrais ne pas aimer mon unique fils, mon fils innocent. Qui pourrait être assez barbare, pour ne pas le pleurer?

EGISTE.

Qui? Toi, qui d'un seul coup a fait deux victimes. Un même fer ôta la vie au père, et traça en caractères de sang, la sentence mortelle d'un fils. Ma lenteur extrême, le sort et l'adroite prévoyance d'Électre, ont sauvé Oreste. Et pour cela, tu appelles innocent un fils à qui tu as enlevé d'abord son père et ensuite son royaume.

CLYTEMNESTRE.

O paroles de sang.. ô mon tendre fils, privé

de tout, tu n'as rien donné à celui qui te dépouille de tout, si tu ne lui donnes ta vie!

ÉGISTE.

Et tant qu'il vit, celui qui jouit de ses dépouilles, peut-il être tranquille? Sans cesse son glaive est suspendu sur ta tête. Fils d'Atride, le dernier rejeton de cette race impie qui réunit tous les forfaits, sa fureur ne se contentera pas de moi seul. Désormais, je suis bien plus inquiet, pour toi, que pour moi-même. Tu as entendu les paroles prophétiques, et les oracles redoutables, qui ont prédit qu'un jour, Oreste serait fatal à ses parens. Cela te regarde, malheureuse mère; je dois, si je le puis, accélérer son trépas : tu dois le souffrir et te taire.

CLYTEMNESTRE.

O ciel... mon sang....

ÉGISTE.

Oreste n'est pas ton sang, c'est un reste impur du sang impur d'Atrée; d'un sang, qui naquit pour tous les crimes les plus odieux. Tu as vu le père, poussé par une coupable ambition égorger sa fille sur l'autel; le fils d'Atride, Oreste, fidèle à l'exemple paternel, tuera sa mère. O mère trop aveugle, trop généreuse, ton fils a le bras levé pour te frapper; regarde-le, tremble...

CLYTEMNESTRE.

Et laisse-le venir venger son père sur moi. Un autre crime plus grand, s'il en est un qui puisse l'être, doit peut-être expier le mien? Mais, quelque soit le destin qui me menace, Égiste, je t'en conjure, par le sang d'Agamemnon, cesse de méditer la perte d'Oreste; qu'il vive loin de nous, exilé, mais qu'il vive. Oreste n'oserait pas mettre le pied dans Argos; et s'il y venait, je te ferais un bouclier de ma poitrine... Mais s'il y vient, c'est le destin qui l'amène; et qui peut prévaloir contre la volonté du ciel? Que de craintes alors! je suis une victime demandée.

EGISTE.

Pour le présent, cesse de pleurer. Oreste est vivant; et j'ai peu d'espérance qu'il tombe entre mes mains. Mais si le jour vient, que je puisse accomplir cet acte nécessaire, que tu nommes vainement un crime; ce jour-là, si tu le veux, tu recommenceras tes lamentations.

FIN DU PREMIER ACTE.

ACTE II.

SCÈNE PREMIÈRE.

ORESTE, PILADE.

ORESTE.

Oui, Pilade, c'est là mon palais.—O joie! cher Pilade, embrasse ton ami; voici enfin, voici le jour, où je pourrai te soulager des longues peines que tu as souffertes pour moi.

PILADE.

Aime-moi, Oreste, écoute mes conseils, c'est le seul soulagement que je te demande.

ORESTE.

Enfin, nous sommes arrivés. — C'est ici qu'Agamemnon périt assassiné; et c'est ici que règne Égiste. — Ce palais, le mien maintenant, est encore présent à ma pensée, quoique j'en sois parti enfant. Le juste ciel m'y ramène à temps.—Aujourd'hui même, deux lustres se sont écoulés depuis cette nuit affreuse et sanglante, où mon père,

traîtreusement égorgé, fit retentir le palais
tout entier de ses cris douloureux. Oh! il
m'en souvient bien, Électre me porta à la
hâte, ici, dans ce même vestibule, où je fus
reçu dans les bras secourables de Strophius,
qui, dès ce moment, fut bien moins ton père,
que le mien. Lui, tout tremblant, me fit passer par cette porte secrète, tandis que par
derrière, résonnait à mon oreille, un long
retentissement de voix lugubres, qui me
faisait pleurer, trembler, et pousser des
cris lamentables, sans que je susse pourquoi. Strophius pleurant, étouffait mes
cris avec sa main; et il m'embrassait et m'arrosait le visage de larmes amères; enfin,
il arriva avec son tendre fardeau à la plage
solitaire, où nous venons d'aborder, et
abandonna les voiles à un vent heureux.—
Je reviens adulte, enfin adulte; je reviens
plein d'espoir, de courage, de colère et de
vengeance dans ces lieux que je quittai enfant, sans défense, et avec des larmes.

PILADE.

Égiste règne ici, et tu parles de vengeance à haute voix! Imprudent! c'est ainsi
que tu commences une aussi grande entreprise? Vois, déjà l'aube paraît; et quand
les ombres de la nuit dureraient éternelle-

ment, nous sommes dans les murs du palais; parles-lebas : chacune de ces murailles peut cacher un délateur. Ah! ne perdons pas aujourd'hui le fruit de tant de vœux, et d'un si long voyage, qui après mille dangers, nous conduit enfin sur ces bords.

ORESTE.

O bords sacrés, il n'est que trop vrai, une force inconnue semblait nous repousser loin de vous. Depuis que nous avons levé l'ancre des bords de Chrysa, les vents toujours contraires paraissaient m'interdire ma terre natale. Des obstacles éternels enfantant sans cesse de nouveaux périls, me faisaient craindre de ne jamais voir arriver le jour de mon retour dans Argos. Mais ce jour est arrivé, et je suis dans Argos.—Si j'ai triomphé de tant de périls, généreux Pilade, je l'attribue à toi, à ton amitié courageuse.—Avant que je revinsse ici pour venger un outrage si cruel, le ciel a voulu, sans doute, mettre à l'épreuve, mon audace et ta fidélité.

PILADE.

De l'audace? tu en as trop. O combien, combien de fois j'ai tremblé pour toi! Je suis prêt à partager avec toi tous les coups du sort, tu le sais; mais pense que rien n'est fait auprès de ce qui nous reste à entreprendre.

Jusqu'à présent, nous sommes arrivés, et rien de plus. De tant de moyens pour consommer un si grand acte, il convient de nous arrêter à un seul, au meilleur, et de décider quel prétexte nous choisirons pour colorer notre arrivée; donnons une base à une aussi grande entreprise.

ORESTE.

La justice éternelle en sera la base profonde. Le sang dont je reviens altéré est un sang qui m'est dû. Le meilleur moyen, le voilà, c'est le fer.

PILADE.

O bouillante ardeur de la jeunesse! La soif du sang? ton ennemi a aussi soif du tien, mais il a mille glaives qui lui sont dévoués.

ORESTE.

Pour abaisser cet Égiste, déjà si bas par lui-même, mon seul nom suffit; c'est trop de mon nom. Et quelle cuirasse assez dure, quel bouclier pourra-t-il trouver, que je ne puisse traverser?

PILADE.

Il a un bouclier bien fort, impénétrable, terrible, sa lâcheté naturelle. Il aura autour de lui des satellites en foule : tremblant, mais en sûreté, il se tient au milieu d'eux...

ORESTE.

Me nommer et disperser tous ces lâches, ne sera qu'un instant.

PILADE.

Dis plutôt, te nommer et périr! Et de quelle mort? Les satellites ont aussi leur fidélité et leur courage : ils reçoivent leur pain du tyran, et ils ne voudront pas qu'il succombe, s'il ne succombe sous leurs coups.

ORESTE.

Le peuple agira donc en ma faveur.

PILADE.

Qu'espères-tu? que l'amour ou la haine puisse s'éterniser dans le cœur d'une populace esclave? Corrompue, avilie, par le long usage des fers, elle voit tantôt s'élever un tyran, tantôt tomber l'autre; elle n'en aime aucun, elle s'abaisse devant tous; elle oublie un Atride, elle tremble devant Égiste.

ORESTE.

Ah! tu dis vrai... Mais tu n'as pas, comme moi, sous les yeux, un père assassiné, couvert de sang, encore sans vengeur, qui désire avec ardeur, demande, attend et veut la vengeance.

PILADE.

Aussi, suis-je plus propre à la disposer.—Écoute-moi, nous sommes ici tout à fait inconnus; tout annonce en nous des étrangers. Soit curiosité, soit crainte, les tyrans inquiets ont coutume d'épier les actions et les pas de chaque homme. Le soleil commence à poindre : à peine vus, on nous conduit devant Égiste, il faudra lui dire...

ORESTE.

Il faudra frapper, percer de mille coups le scélérat et ne rien dire.

PILADE.

Es-tu venu pour assurer ta mort, ou pour assurer ta vengeance?

ORESTE.

Pour les assurer toutes deux : tuer d'abord, et mourir ensuite.

PILADE.

Oreste, je t'en conjure maintenant par notre amitié, par les mânes de ton père assassiné, tais-toi : accorde quelques heures à ma prudence; j'abandonnerai le reste à ta fureur: contre un ennemi vil, on emploie d'abord la ruse, ensuite le fer. Qu'Égiste nous croie envoyés par mon père, et chargés d'apporter la nouvelle de ta mort dans Argos.

ORESTE.

Cacher mon nom, mentir à un Egiste ? moi!

PILADE.

Tu devras garder le silence, non pas mentir; je parlerai: je me charge de tout l'artifice: nous entendrons ce que dira Egiste à une telle nouvelle: en même temps, nous saurons le destin d'Electre.

ORESTE.

Electre! ah! je crains qu'elle ne vive plus. Je n'ai jamais eu aucune nouvelle d'Electre; assurément il n'aura pas épargné le sang d'Atride.

PILADE.

Sa mère l'a peut-être sauvée: et s'il en était ainsi, songe qu'elle est entre les mains du tyran: qu'en la nommant seulement nous pouvons causer sa mort. Tu sais que Strophius pouvait lui-même te ramener dans Argos, sous un autre aspect, avec le secours d'une armée. Mais une guerre ouverte, eût-elle été heureuse, te donnait ton royaume, et rien de plus: cependant le lâche meurtrier d'Agamemnon t'échappait; et s'il ne l'avait déjà égorgée, Electre, ton unique sœur, ta sœur chérie, celle à qui tu dois de respirer encore, restait exposée à sa rage. Vois maintenant, s'il faut agir avec prudence: ton dessein est grand, bien au-dessus d'un royaume: ah! ne vas pas le découvrir le premier. Qui sait? peut-être ta mère repentante....

ORESTE

Ah! ne me parle pas d'elle.

PILADE.

Ni d'elle, ni d'autres... Je ne te demande qu'une chose, c'est d'écouter ma prudence; le ciel qui veut que je partage ton sort, te deviendra contraire, si tu le refuses.

ORESTE.

Hormis le droit de frapper, je te cède tout, je le jure. Je verrai en face le meurtrier de mon père : je le verrai, et je retiendrai mon glaive : que ce soit, ô mon père, le premier effort de vertu que je te consacre.

PILADE.

Tais-toi, il me semble entendre un léger bruit... Oh! vois-tu? une femme vêtue de noir sort du palais. Viens avec moi à l'écart.

ORESTE.

Elle s'avance vers nous.

SCÈNE II.

ELECTRE, ORESTE, PILADE.

ELECTRE.

Egiste est enfin éloigné pour un court instant; je puis aller librement offrir... Que vois-je? Deux hommes que je ne reconnais ni à leurs vêtemens ni à leur visage... Ils m'observent; ils paraissent étrangers.

ORESTE.

As tu entendu? elle a nommé Egiste.

PILADE.

Ah! tais-toi.

ELECTRE.

O vous, étrangers, car vous me semblez l'être, dites, qui vous guide en ces murs?

PILADE.

Laisse-moi parler; contiens-toi.... Il est vrai, nous sommes étrangers; nous venons ici apporter une grande nouvelle.

ELECTRE.

C'est à Egiste que vous l'apportez?

PILADE.

Oui.

ELECTRE.

Quelle peut-être cette nouvelle?... Avancez donc vers ces lieux. Egiste est éloigné; jusqu'à ce qu'il revienne, vous pourrez rester dans le palais à l'attendre.

PILADE.

Et il reviendra?..

ELECTRE.

Aujourd'hui dans quelques heures. Il vous

ACTE II, SCÈNE II.

donnera, les grâces, les honneurs, la récompense que vous méritez, si la nouvelle est agréable.

PILADE.

Egiste la trouvera bien agréable, quoiqu'elle soit bien funeste en elle-même.

ELECTRE.

Le cœur me bat... Funeste? et m'est-il permis de la savoir?

PILADE.

Ah! pardonne. Tu me parais une femme d'un rang élevé; mais cependant il me semble juste que le roi en soit informé le premier... Je te vois te troubler à mes paroles... Eh quoi! une nouvelle apportée d'une terre lointaine, peut-elle te regarder?

ELECTRE.

Me regarder?... Non... Mais, de quelle terre êtes-vous?

PILADE.

Nous sommes Grecs comme toi : nous venons de l'île de Crête... Mais à tes manières, à ton visage, à tes paroles bien plus qu'à tes habits, je reconnais en toi les traces d'un deuil profond. Puis-je te demander?..

ELECTRE.

Que dis-tu?.. Qu'y a-t-il en moi?.. Tu sais que la pitié s'éveille facilement dans le cœur d'une femme. Toute nouvelle malheureuse, sans me regarder, m'attriste ; maintenant je voudrais la savoir; mais après l'avoir entendue, je m'en affligerais.

PILADE.

Ame pleine d'humanité ! y aurait-il, trop de hardiesse à te demander ton nom ?...

ELECTRE.

Il ne peut vous servir de le savoir, et en vous le disant, ma douleur, (puisque tu vois la douleur en moi) ne recevrait sans doute aucun soulagement. Il est vrai que hors d'Argos... peut-être quelque soin... quelque pensée pourrait encore m'intéresser. Mais non ; je vois bien que votre arrivée ne m'intéresse en rien. J'éprouve un mouvement involontaire toutes les fois qu'un étranger aborde en ces lieux, je sens mon cœur agité, flotter incertain entre la crainte et le désir... Je reconnais que le motif important de votre arrivée ne doit pas m'être révélé. Entrez : je poursuivrai mes pas vers cette tombe.

ORESTE.

Une tombe ! Laquelle ? où ? de qui ?

ELECTRE.

Ne vois-tu pas ? A droite ? la tombe d'Agamemnon.

ORESTE.

O spectacle !..

ELECTRE.

Et tu frémis à une telle vue ? le bruit de l'horrible mort qu'il trouva dans Argos, vous est donc aussi parvenue ?

PILADE.

Où n'est-elle pas parvenue ?

ORESTE.

O tombe sacrée du roi des rois, tu attends une victime ! Tu l'auras.

ELECTRE.

Que dit-il ?

PILADE.

Je ne l'ai pas entendu.

ELECTRE.

Il parle de victime ? pourquoi ? la mémoire d'Atride lui est donc sacrée ?

PILADE.

Il a perdu son père, il n'y a pas long-temps : depuis lors tout spectacle lugubre renouvelle son deuil ; souvent, il s'égare... Rentre en toi-même... Insensé, devais-je me fier à toi ?

ELECTRE.

Il tient ses regard fixés sur la tombe, ils sont immobiles, enflammés, son attitude est terrible... O toi qui es-tu, quelle généreuse entreprise oses-tu méditer?

ORESTE.

Laisse m'en, laisse m'en le soin.

PILADE.

Il ne t'entend déjà plus. Daigne excuser ses transports insensés: ne fais pas attention à ses paroles; il est hors de lui... Tu veux donc à toute force te découvrir?

ORESTE.

Traître,.. je plongerai mon glaive dans ton sein autant de fois, que tu as fait couler de gouttes de sang de l'horrible blessure.

ELECTRE.

Il n'est pas égaré. Un père...

ORESTE.

Oui, mon père me fut enlevé. O rage! et il n'est pas encore vengé.

ELECTRE.

Et qui es-tu donc si tu n'es Oreste?

PILADE.

Qu'entends-je?

ORESTE.

Oreste! Qui, qui m'appelle?

PILADE.

Tu es perdu.

ELECTRE.

C'est Electre qui t'appelle : je suis Electre, moi qui te serres dans mes bras:..

ORESTE.

Où suis-je? Qu'ai-je dit? — Pilade : O ciel!

ELECTRE.

Pilade, Oreste, bannissez toute crainte. Je ne vous trompe pas, c'est mon nom que je vous dis. A ta fureur, je t'ai reconnu, Oreste ; à ma douleur, à mes larmes, reconnais Electre.

ORESTE.

Ma sœur; ô ciel! tu vis? tu vis? et je t'embrasse?...

ELECTRE.

Jour fortuné !

ORESTE.

Je te serre donc contre mon sein? O joie inexprimable!... O cruel spectacle! La tombe de notre père?...

ELECTRE.

Ah! calme-toi maintenant.

PILADE.

Electre, avec quelle ardeur je désirai te connaître! Tu m'as sauvé Oreste, qui est une moitié de moi-même, juge si tu m'es chère.

ELECTRE.

Et toi tu l'as élévé, tu es pour moi un second frère.

PILADE.

Par pitié, unis tes prières aux miennes; je t'en conjure, aide-moi à contenir les transports aveugles de cette âme ardente. Oreste, veux-tu donc à tout prix nous jeter en quelque affreux embarras? Veux-tu qu'à chaque instant je tremble pour toi? Déjà la piété, l'amour, la vengeance nous ont guidé avec sûreté dans ces lieux; mais si tu continues...

ORESTE.

Tu dis vrai; pardonne cher Pilade... J'étais hors de moi... Que veux-tu?... Quelle prudence pouvait résister?.. Quels transports à un spectacle aussi inattendu! — Je l'ai vu, oui, je l'ai vu de mes yeux. Il sortait sa tête hors de sa tombe lugubre; avec ses mains décharnées il relevait ses cheveux épars sur son visage; et ses joues décolorées par le trépas étaient encore souillées d'un mélange affreux de larmes et de sang. Et je ne l'ai pas vu seulement; sa voix plaintive et épouvantable est aussi parvenue par mes oreilles jusqu'à mon cœur; elle retentit encore dans mon âme. « O fils sans courage, que tardes-tu davantage à frapper? Tu es adulte, tu as un fer, et le meurtrier vit? » O quel reproche!... De ma main je l'immolerai sur ta tombe; il ne gardera pas dans ses veines une seule goutte de son sang impie : tu le boiras tout, ombre trop long-temps altérée, et bientôt.

ELECTRE.

Ah! modère ton courroux. Moi aussi je vois souvent l'ombre livide de notre père s'élever sur ces marbres glacés; cependant je me tais. Tu verras à chaque pas, dans ce palais, les traces du sang paternel; et tu seras forcé de les contempler d'un œil sec, jusqu'à ce que tu les aies lavées avec un nouveau sang.

ORESTE.

Electre! ô combien il me serait plus doux de le faire que d'en parler! Mais, jusqu'à ce que le jour arrive, je me contiendrai donc. Jusque-là, puisque nous sommes nés pour pleurer, nous pleurerons au moins ensemble. Ai-je réellement ce que je n'espérais plus? Versé-je bien dans ton sein des larmes d'amour, de colère et de douleur? Je n'ai jamais rien su de ton sort : je te croyais égorgée par le tyran : je venais plutôt pour te venger, que pour te presser contre mon sein.

ÉLECTRE.

Je vis et je t'embrasse, et ce jour est le premier où la vie ne me soit pas à charge. La fureur inhumaine du cruel Égiste qui sans cesse frémissait de ne pouvoir te faire périr, m'assurait de ta vie; mais quand j'appris que tu avais quitté le toit hospitalier de Strophius, oh! quelle terreur!...

PILADE.

Mon père en répandit le bruit à dessein, afin qu'à l'abri des piéges d'Égiste, il vécut ainsi plus en sûreté. Quant à moi, je ne le quittai pas un seul instant et ne le quitterai jamais.

ORESTE.

La mort seule peut nous séparer.

PILADE.

La mort même ne le pourra pas.

ÉLECTRE.

Unique ami, ami sans exemple au monde! Mais dites-moi cependant, comment vous présenter aujourd'hui devant le tyran soupçonneux et féroce? Ici vous ne pouvez pas vous cacher.

PILADE.

Nous voulons nous présenter à lui comme apportant la nouvelle fausse de la mort d'Oreste.

ACTE II, SCÈNE II.

ORESTE.

Le moyen est bas.

ÉLECTRE.

Moins bas qu'Egiste. Il n'y en a pas de meilleur, de plus certain ; Pilade, je l'approuve. Si vous êtes introduits en sa présence, ce sera à moi de vous choisir le lieu, le temps et le moyen les plus sûrs pour immoler ce monstre. Je me charge aussi de vous choisir les armes. Je conserve, Oreste, je conserve encore le fer que plongea dans le sein de son époux, celle que depuis lors nous n'osons plus nommer notre mère.

ORESTE.

Que fait-elle, l'impie ? quelle est sa vie ? et comment te fait-elle expier le crime involontaire d'être sa fille ?

ELECTRE.

Ah ! tu ne sais pas quelle vie affreuse elle traîne. Hormis Atride et ses enfans, tout le monde en aurait pitié. Et nous aurions encore trop de pitié pour elle. — Sans cesse assiégée de terreurs et de soupçons ; méprisée de son Egiste lui-même ; aimant Egiste, quoiqu'elle connaisse toute sa scélératesse ; se repentant, et peut-être capable de renouveler son crime, si la flamme abominable dont elle s'indigne et dont elle rougit, lui commandait de le faire ; tantôt mère, tantôt épouse, et jamais ni mère, ni épouse; pendant le jour, les pointes du remords déchirent incessamment son cœur : pendant la nuit des spectres horribles la privent du sommeil : voilà comment elle vit.

ORESTE.

Que le ciel exerce sur elle une vengeance longue et terrible, une vengeance telle que la nature ne nous la permet pas. Mais cependant elle devra choisir aujourd'hui d'être mère ou d'être épouse; elle le devra, quand elle verra tomber à ses côtés l'infâme complice de son adultère percé de mes coups.

ELECTRE.

Malheureuse mère ! tu ne l'as pas vue : qui sait ?... en la voyant...

ORESTE.

J'ai entendu mon père, et c'est assez.

ELECTRE.

Cependant tu éprouveras dans ton cœur un mélange d'effroi qui te forcera de verser des larmes et de te souvenir quelle est ta mère. Elle est pleine de douceur pour moi; mais le misérable Egiste qui, à sa seule prière, m'a conservé la vie, m'opprime autant qu'il peut. Toutefois j'ai supporté le cruel don qu'il m'a fait, pour attendre le jour où je te remettrais le fer teint du sang paternel. Quoique femme, j'ai voulu plusieurs fois armer ma main de ce fer : enfin tu arrives, Oreste, et tu arrives bien à temps; car aujourd'hui Egiste, pour me soustraire à son aspect, veut me forcer à devenir l'épouse de l'un de ses esclaves.

ORESTE.

Sans être invité, je viens à ces noces abominables: les dieux auront une victime qu'ils n'attendaient point.

ELECTRE.

Clytemnestre s'y oppose, mais en vain.

ORESTE.

Dis-moi, pourrons-nous lui accorder quelque confiance ?

ELECTRE.

Hélas! aucune. Quoiqu'elle flotte entre le vice et la vertu, elle s'arrête toujours au vice. Egiste n'étant plus à ses côtés, alors, peut-être... il faudra la voir ensuite. Avec moi elle pleure, il est vrai, mais elle reste avec le tyran. Evite sa vue, tant qu'Egiste ne sera pas de retour.

PILADE.

Et où ce scélérat a-t-il porté ses pas?

ELECTRE.

Le monstre ! il s'occupe de fêter le jour de la mort d'Atride.

ORESTE.

O rage!

ELECTRE.

A ce moment même, il outrage les dieux. Non loin d'ici, sur le chemin de Mycènes, il offre des victimes impures et des vœux infâmes au roi des ombres; et son retour ne peut tarder. Mais nous avons assez parlé ici, je vais rentrer dans le palais sans être vue : pour l'attendre, tenez-vous là tout-à-fait hors du palais. Oreste, si tu m'aimes, je le verrai aujourd'hui ; par notre amour, par la mémoire de notre père assassiné, je t'en supplie, écoute la voix de ton ami, réprime ta bouillante ardeur ; car une vengeance si long-temps, si ardemment désirée, peut échouer pour la vouloir trop presser.

FIN DU SECOND ACTE.

ACTE III.

SCÈNE PREMIÈRE.

CLYTEMNESTRE, ELECTRE.

CLYTEMNESTRE.

Electre, laisse-moi, retourne à ton appartement : je veux aller au-devant d'Egiste.

ELECTRE.

O ma mère ! souffres-tu déjà de ce qu'Egiste ne revient pas ? Crains-tu que la foudre ne l'ait écrasé aux pieds des autels ? Va, ne crains rien ; jusqu'à présent, dans ces lieux, le ciel a favorisé les impies.

CLYTEMNESTRE.

Garde-toi de parler d'Egiste.

ELECTRE.

Il est vrai, son nom seul suffit pour souiller la bouche qui le prononce. O ma mère ! es-tu bien celle qui tout à l'heure voulait offrir en secret, avec moi, des larmes et des vœux à la tombe sacrée...

CLYTEMNESTRE.

Laisse-moi, je veux aller...

ELECTRE.

A la rencontre de celui que plusieurs fois je t'ai entendue, toi-même, appeler l'auteur de toutes tes infortunes?

CLYTEMNESTRE.

Il est vrai, je ne suis point heureuse avec lui, mais sans lui, je ne le serais pas davantage. Laisse-moi.

ELECTRE.

Au moins,... souffre...

CLYTEMNESTRE.

Que veux-tu encore?

ÉLECTRE.

Malheureuse que je suis! que sera-ce si avant Égiste elle rencontre son fils.

SCÈNE II.

CLYTEMNESTRE.

Je cherche en vain à m'abuser...

SCÈNE III.

CLYTEMNESTRE; ORESTE et PILADE,
tous deux à l'écart.

ORESTE.

Cet Égiste n'arrive pas, n'arrivera-t-il jamais?

PILADE.
Où t'avances-tu ?

CLYTEMNESTRE.
J'aime Égiste, il n'est que trop vrai !

ORESTE.
Égiste ! ô quelle voix ! que vois-je ? c'est elle, je me la rappelle encore.

PILADE.
Viens, que fais-tu ? arrête.

CLYTEMNESTRE.
Qui se présente à mes yeux ? viens, qui es-tu ?

PILADE.
Daigne excuser notre hardiesse ; étrangers ici, nous nous sommes peut-être trop avancés ; attribue-le à notre ignorance seule.

CLYTEMNESTRE.
Qui êtes-vous ?

ORESTE.
Dans Argos..

PILADE.
Nous n'y sommes pas nés.

ORESTE.
Égiste n'est pas notre...

PILADE.
Le roi de Phocide nous envoie ici.

ORESTE.
Si le roi... en ces lieux...

PILADE.
C'est pourquoi si tu le permets, nous nous avancerons dans le palais pour le chercher.

CLYTEMNESTRE.
Quel motif vous amène dans Argos?

ORESTE.
Un grand motif.

PILADE.
Nous devons le dire au roi.

CLYTEMNESTRE.
Vous pourriez également me le dire; Égiste est dans ce moment hors du palais.

PILADE.
Mais il y reviendra...

ORESTE.
Je l'espère.

CLYTEMNESTRE.
En attendant, exposez-moi votre message.

ORESTE.
Je vais te le dire.

PILADE.
Si cependant tu nous l'ordonnes, mais...

CLYTEMNESTRE.
Je partage le trône avec Égiste.

ORESTE.
Et chacun sait que tu es digne de lui.

ACTE III, SCÈNE III.

PILADE.

La nouvelle te serait moins agréable qu'à Égiste.

CLYTEMNESTRE.

Et quelle est-elle?

ORESTE.

Que dis-tu? quelle nouvelle agréable peut-on apprendre à l'époux qui ne le soit aussi à son épouse?

PILADE.

Tu sais que notre souverain maître nous a enjoint de ne la confier qu'à Égiste.

ORESTE.

Égiste et elle ne sont qu'une seule âme en deux corps.

CLYTEMNESTRE.

Pourquoi me tenir ainsi en suspens? Allons, parlez.

PILADE.

La nouvelle te serait trop cruelle, et le ciel nous préserve de vouloir...

ORESTE.

Combien tu te trompes, c'est la sécurité, c'est la paix que nous lui apportons.

CLYTEMNESTRE.

Vous devriez enfin...

ORESTE.

Reine, nous venons annoncer la mort...

CLYTEMNESTRE.

De qui?

PILADE.

Tais-toi.

CLYTEMNESTRE.

De qui? parle.

ORESTE.

D'Oreste...

CLYTEMNESTRE.

Hélas! qu'entends-je? de mon fils?... ô ciel!

ORESTE.

Oui, du fils d'Agamemnon qui a été assassiné.

CLYTEMNESTRE.

Que dis-tu?

PILADE.

Il dit qu'Oreste n'a pas été assassiné.

ORESTE.

Du fils de celui qui fut assassiné...

PILADE.

Insensé, parjure, est-ce ainsi que tu me gardes ta foi?

CLYTEMNESTRE.

Malheureuse, privée de mon unique fils!...

ORESTE.

Mais Oreste n'était-il pas le plus mortel ennemi de ton Égiste?

CLYTEMNESTRE.

Ah! cruel! barbare! c'est de cette manière

que tu annonces à une mère la mort de son unique fils ?

PILADE.

Trop jeune encore, il ignore l'usage des cours, daigne l'excuser. Pour satisfaire ton désir, un zèle extrême lui a fait trahir imprudemment le mien. Tu aurais dû apprendre une semblable nouvelle, quand Égiste l'eût jugé convenable, de sa bouche seule ; et c'était-là ma pensée, mais il s'est...

ORESTE.

J'ai peut-être eu tort, mais ton fils étant mort, désormais tranquille avec ton époux...

CLYTEMNESTRE.

Ah ! tais-toi, je fus jadis la mère d'Oreste.

ORESTE.

Égiste te serait-il moins cher qu'Oreste ?

PILADE.

Que dis-tu ? que fais-tu ? oses-tu bien aigrir la douleur d'une mère par des paroles inutiles et importunes ? Laisse-la ; viens ; les larmes et le temps sont le seul soulagement à sa douleur...

ORESTE.

Égiste est fait pour la soulager.

PILADE.

Viens, éloignons-nous de sa présence ;

car désormais, nous lui sommes devenus trop odieux.

CLYTEMNESTRE.

Puisque tu as commencé à me déchirer le cœur, cruel, tu prendras sans doute plaisir à me le déchirer davantage : raconte-moi, de quelle manière, en quel lieu, en quel temps mon fils a péri.—Oreste, mon cher Oreste, je veux savoir tout ce qui te regarde; je ne veux plus entendre parler d'autre chose, que de toi.

ORESTE.

Tu l'aimais donc encore beaucoup?

CLYTEMNESTRE.

O jeune homme, n'as-tu pas une mère?

ORESTE.

Moi?... j'en eus une.

PILADE.

O ciel! reine, ton fils a succombé au destin : la vie...

ORESTE.

La vie ne lui fut pas enlevée par d'infâmes ennemis; non, il ne succomba pas à un tissu d'affreuses trahisons.

PILADE.

Qu'il te suffise de savoir cela. Qui pourrait en raconter davantage à une mère.

ORESTE.

Mais si cependant une mère veut l'entendre.

PILADE.

Ah! souffre que le roi seul entende le récit de cette histoire douloureuse.

ORESTE.

Égiste s'en réjouira.

PILADE.

Nous en avons trop dit; allons. Reine, la pitié me défend de t'obéir pour le présent.— Suis-moi, il est temps, il est temps enfin, que tu cèdes à ma volonté !

SCÈNE IV.

CLYTEMNESTRE.

O mon malheureux fils!... Fils innocent d'une mère criminelle!... Oreste, Oreste,... hélas! tu n'es plus! Banni par moi, du royaume de ton père, tu es mort? souffrant, abandonné, qui sait de quelle mort?.. Et pas un des tiens ne t'assista dans l'agonie de ton heure dernière? Aucun honneur ne fut rendu à ta tombe... O destin! le fils du grand Atride, errant, inconnu, privé de tout appui... Ni sa mère, ni sa sœur n'ont baigné de leurs larmes son corps privé de vie... Malheureuse que je suis! mon fils chéri, mes mains ne t'ont pas rendu le dernier devoir, n'ont pas fermé tes yeux mourans.—Que dis-je? mes mains le méritaient-elles? Encore teintes, encore fumantes du sang de ton père, Oreste, avec raison, tu les eusses sans cesse repoussées de ton visage. Fils digne d'une mère moins barbare! Mais pour avoir fait périr ton père, en suis-je moins ta mère? Ah! la nature ne perd jamais ses droits.. Cependant, si le destin ne t'avait pas enlevé à la fleur de l'âge; peut-être (comme un vain oracle l'avait promis), peut-être aurais-tu à ton tour plongé le fer dans le sein de ta mère?.. Et tu devais le faire : quelle autre main pourait mieux punir mon crime inexpiable? Ah! vis, Oreste, reviens dans Argos, accomplis l'oracle; tu immoleras en moi, non une mère, mais une femme criminelle qui usurpa ce nom. Ah! viens... Hélas! tu n'es plus!

SCÈNE V.

ÉGISTE, CLYTEMNESTRE.

ÉGISTE.

Qu'y a-t-il? quelles sont ces larmes? quel en est le nouveau sujet?

ACTE III, SCÈNE V.

CLYTEMNESTRE.

Réjouis-toi, j'ai un nouveau sujet de pleurer, de pleurer éternellement; cesse maintenant de trembler, cesse de vivre au milieu de tes continuelles craintes. Enfin, tes désirs sont pleinement satisfaits; enfin il est mort, cet implacable ennemi, cet ennemi cruel et terrible, qui pourtant ne te fut jamais nuisible; il est mort. Mon unique fils a cessé de vivre.

ÉGISTE.

Que dis-tu? Oreste est mort? D'où t'en est venue la nouvelle? qui l'apporta... Je ne te crois pas.

CLYTEMNESTRE.

Quoi, tu ne le crois pas? serait-ce par ce que tant de fois il échappa à ton glaive homicide? Si tu n'en crois point mes larmes, tu croiras ma fureur. Déjà, dans mon cœur, je sens se réveiller, tout entière, oui tout entière, ma tendresse maternelle, qui ne fut jamais anéantie.

EGISTE.

N'as-tu pas d'autres preuves à me donner?

CLYTEMNESTRE.

Tu en auras autant que ton cœur barbare en peut demander. Tu entendras raconter en détail cet affreux malheur; et en l'entendant, ton âme tressaillera d'une joie digne de Thyeste. Tu verras dans Argos des étrangers qui rassasieront ton désir inhumain.

ÉGISTE.

Des étrangers sont arrivés dans Argos, sans que je le sache? On ne s'est pas adressé d'abord à moi?

CLYTEMNESTRE.

Peut-être regrettes-tu de n'avoir pas été le premier à m'enfoncer le poignard dans le sein? Une action aussi pieuse, il est vrai, t'appartenait de droit; c'était Égiste, non pas un autre qui devait annoncer à une épouse, à une mère, cette agréable nouvelle.

ÉGISTE.

Reine, quelle colère étrange est la tienne? Mort, peux-tu donc aimer tant ce fils, que vivant, tu te rappelais à peine?

CLYTEMNESTRE.

Que dis-tu? jamais, non jamais, je ne cessai d'être la mère d'Oreste : et si quelquefois je cachais l'amour d'une mère, c'est que l'amour maternel m'y forçait. Je te disais que mon fils m'était moins cher, seulement afin qu'il fût moins exposé à tes pièges secrets. Maintenant qu'il est mort, je ne dissi-

mule plus; et sache qu'Oreste m'était, me
sera toujours mille fois plus cher que toi.

ÉGISTE.

Ce n'est pas beaucoup dire. Je te fus plus
cher que ton honneur, aussi...

CLYTEMNESTRE.

Devrais-tu parler de l'honneur de celle
qui vit à tes côtés? Mon honneur, mon époux,
mon repos, mon fils unique et chéri, tout, hormis ses jours, je t'ai tout sacrifié. Guidé par la
cruelle ambition de régner, guidé par l'horrible soif de la vengeance, tu regardais comme
rien ce que je te donnais, tant qu'il te restait
quelque chose encore à m'arracher. Vit-on
jamais un cœur aussi double et aussi barbare en
même-temps? Ce coupable amour que tu savais
si mal feindre, et que je crus pour mon malheur; Oreste, dis-moi, Oreste y était-il un
obstacle? Cependant, Agamemnon expirait
à peine, que déjà tu demandais à haute voix
le sang de son fils. Furieux, tu le cherchais
dans tout le palais, ce fer que tu n'avais jamais osé lever toi-même contre le père, tu
le brandissais alors, contre un enfant sans
défense, tu étais alors un héros. Il fut dérobé
à ta rage : ce jour là, je te connus à fond,
mais trop tard. Malheureux fils! que te servit
d'échapper au meurtrier de ton père? tu as

trouvé une mort prématurée sur une terre étrangère. Égiste, infâme usurpateur, tu m'as assassiné mon fils... Egiste, ah! pardonne;... j'étais mère... et je ne le suis plus.

ÉGISTE.

Tu peux exhaler tes reproches et tes regrets, pourvu qu'Oreste soit mort. Mais dis-moi, à qui ont parlé ces étrangers? qui sont-ils, où sont-ils débarqués? qui les a envoyés? où se sont-ils retirés? sont-ils les messagers d'un roi? avant tout, n'ont-ils pas demandé Égiste dans Argos?

CLYTEMNESTRE.

Ils t'ont demandé; Strophius les envoie : mon malheureux sort les a conduits devant moi, et malgré eux, j'ai voulu tout apprendre de leur bouche. Ces envoyés, tous deux bien différens de caractère, sont dans ton palais. L'un compatissant et prudent refusait de me confier la terrible nouvelle, l'autre bouillant, impétueux, farouche, paraissait jouir de ma douleur; celui-là, en te racontant cet évènement lamentable, n'éprouvera pas moins de plaisir que toi en l'écoutant.

ÉGISTE.

Mais pourquoi me mande-t-il expressément une semblable nouvelle? Il fut toujours attaché à Atride; chacun le sait. Ton fils ne

ACTE III, SCÈNE V.

fut-il pas dérobé à mon courroux par Strophius lui-même? Et ne lui a-t-il pas donné asyle dans sa cour?

CLYTEMNESTRE.

Oui, il en fut ainsi dans le principe. Mais depuis plusieurs années, Oreste en était absent, et ensuite, on n'entendit plus parler de lui.

ÉGISTE.

Le bruit en courut; mais qui sait la vérité? Il est certain, cependant, qu'il eut, dès ses premières années, pour guide inséparable, pour gardien, pour ami, pour défenseur, le fils de Strophius, ce Pilade que j'abhorre. Enfin, Strophius fut toujours mon ennemi: comment a-t-il changé?

CLYTEMNESTRE.

Depuis que tu es devenu roi, ne sais-tu pas, par expérience, ce qu'est le cœur d'un roi? Barbare, peut-être prends-tu plaisir à m'entendre affirmer cette nouvelle qui me déchire si cruellement le cœur? Va en écouter autant qu'il t'en faut; va-t-en; laisse-moi.— Strophius crut pouvoir faire servir Oreste à ses vues; voilà pourquoi il le déroba à tes coups; voilà pourquoi il le recueillit, et le traita généreusement; voilà pourquoi il le chassa quand il lui devint inutile et dangereux;

et voilà pourquoi il s'empresse maintenant de t'envoyer le premier la nouvelle de sa mort.—C'est ainsi que jadis tu m'as aimé avant que j'eusse assassiné mon époux, et que je t'eusse donné le trône; et c'est ainsi que tu me méprises maintenant. L'amour, la vertu, la foi et l'honneur sont variables chez les rois, suivant les événemens.

ÉGISTE.

Je te laissai le choix, tu t'en souviens bien, je te laissai le choix entre la race d'Atride et celle de Thyeste; tu as choisi toi-même. Pourquoi par tes plaintes éternelles, me fais-tu repentir de l'avoir choisi? Je t'aime autant que tu le mérites.

CLYTEMNESTRE.

— Égiste, je mets un terme à mes plaintes importunes. Méprise-moi, si tu le peux, mais ne te hasarde jamais à me le dire. Si l'amour me poussa à un grand crime, pense jusqu'où l'amour dédaigné, la douleur, le remords, le ressentiment peuvent pousser une femme désespérée.

SCÈNE VI.

ÉGISTE.

Écoutons ces envoyés : le reste m'importe peu.

FIN DU TROISIÈME ACTE.

ACTE IV.

SCÈNE PREMIÈRE.

ORESTE, PILADE.

PILADE.

Voici le moment décisif; à présent, il n'est plus temps pour nous de reculer, il n'est plus temps. Égiste veut que nous paraissions devant lui, tu le sais; nous avons reçu l'ordre de l'attendre en ces lieux, et si tu ne changes pas de conduite, nous serons venus ici non pour tuer, mais pour périr; je ne t'en dis pas davantage. Sois aussi insensé que tu voudras; je viens, non moins décidé à mourir qu'à frapper.

ORESTE.

Malheureux que je suis! je mérite ce reproche, je le sais, tu m'aimes trop; jusqu'à présent, je n'ai pas été digne de toi; Pilade, excuse-moi. Je me contiendrai en présence d'Égiste; et cela me sera plus facile, je l'espère, que de me contenir devant celle qui me semblait avoir ses vêtemens, son visage, ses deux mains encore teintes de sang. Je saurai bien mieux cacher la haine que je porte à un ennemi, que l'horreur mêlée de colère et de pitié, dont j'étais rempli à la vue d'une telle mère.

PILADE.

Qui te poussait au-devant d'elle ? ce n'était pas moi.

ORESTE.

C'était je ne sais quel mouvement plus fort que moi. Le croirais-tu ? J'eus d'abord la pensée de l'immoler, puis soudain, a succédé le désir de la serrer dans mes bras; ensuite, ces deux sentimens ont continué de se combattre,—O spectacle ! ô situation terrible, autant qu'inexprimable !...

PILADE.

Tais-toi, voici Égiste.

ORESTE.

Que vois-je ? avec lui, vient ma mère.

PILADE.

Ou frappe ton ami, ou tais-toi.

SCÈNE II.

EGISTE, CLYTEMNESTRE, ORESTE, PILADE, soldats.

ÉGISTE.

Viens, Clytemnestre, viens, tu peux bien entendre le récit d'un événement auquel je n'ajoute pas encore une foi entière.

CLYTEMNESTRE.

Barbare, tu m'y forces ?

ÉGISTE.

Écoutons.—Étrangers, vous êtes donc de fidèles messagers que m'envoie le roi de Phocide ?

PILADE.

Oui.

ÉGISTE.

La nouvelle que vous apportez est certaine ?

PILADE.

Seigneur, un roi nous envoie; nous parlons à un roi : est-ce ici le lieu de soupçonner le mensonge ?

ÉGISTE.

Mais, Strophius, votre maître, ne m'a donné jusqu'ici aucun gage d'amitié.

PILADE.

Celui-ci sera le premier. Je ne le nierai pas, il y a plusieurs années, son cœur était autrement disposé : il était dominé par sa pitié pour le malheureux Oreste; mais si pendant un temps il lui donna asyle, il lui refusa sans cesse le secours de ses armes, et jamais Strophius n'eut l'intention de te faire la guerre.

ÉGISTE.

Une guerre ouverte... peut-être ne l'osa-t-il point ; mais ce n'est pas cela qui m'importe. Dans quel lieu périt ce misérable ?

ORESTE.

Ce misérable !

PILADE.

La Crète lui a servi de tombeau.

ÉGISTE.

Et comment Strophius a-t-il connu sa mort avant moi ?

PILADE.

Pilade s'empressa d'en porter aussitôt la nouvelle à son père : il fut témoin de ce terrible événement.

ÉGISTE.

Et quel motif le conduisit sur cette terre une mort prématurée.

PILADE.

L'ardeur extrême de sa jeunesse. Un antique usage ramène en Crète, tous les cinq ans, des jeux et des sacrifices en l'honneur de Jupiter. Le désir de la gloire et une curiosité naturelle conduisent Oreste sur ces bords : Pilade, son compagnon inséparable, est avec lui. La brûlante passion de l'honneur l'excite à entrer dans l'arène pour disputer, sur un char léger, la palme décernée aux coursiers les plus agiles. Trop occupé de vaincre, il y perdit la vie en cherchant la victoire.

ÉGISTE.

Mais comment? raconte-le moi.

PILADE.

Trop impétueux, plein d'impatience et de témérité, tantôt de sa voix menaçante, il anime ses coursiers indomptés, tantôt de son fouet qu'il agite sanglant, il les frappe et les fait voler au-delà de la barrière, d'autant plus ardens, qu'ils sont plus agiles. Déjà insensibles au frein, déjà sourds à la voix qui essaye en vain de les calmer, leurs narines respirent le feu. Leurs crins hérissés flottent en l'air, et enveloppés dans un épais nuage de poussière, plusieurs fois ils parcourent allant et revenant, la vaste étendue du cirque, avec la rapidité de l'éclair. Le char, dans sa course tortueuse, répand de tous côtés l'épouvante, l'horreur, la confusion et la mort; jusqu'à ce que le plus brûlant essieu, heurtant avec un choc effrayant une colonne de marbre, Oreste tombe renversé...

CLYTEMNESTRE.

Ah! n'achève pas; tais-toi: une mère t'écoute.

PILADE.

Il est vrai, pardonne. — Je ne vous dirai pas comment le malheureux, cruellement entraîné à la suite de son char, arrosa le sol des flots de son sang... Pilade accourut... vainement... Son ami expira entre ses bras.

CLYTEMNESTRE.

O mort funeste!...

PILADE.

Chacun en pleura dans la Crète, tant il y avait dans ce jeune homme de beauté, de grâce et de courage.

CLYTEMNESTRE.

Et quel autre peut retenir ses larmes, que ce barbare? *(montrant Oreste.)* O fils chéri! ne dois-je plus, hélas! jamais plus te revoir? Mais, ô ciel! il n'est que trop vrai, je te vois traverser les ondes du Styx, et embrasser l'ombre de ton père; je vous vois tous deux

ACTE IV, SCÈNE II.

me lancer des regards terribles, et vous enflammer d'un horrible courroux.. C'est moi, oui, c'est moi, qui vous ai donné la mort... O mère infâme ! ô criminelle épouse ! — Es-tu content, Égiste ?

ÉGISTE.

Ton récit a sans doute quelque vraisemblance; dans peu je saurai la vérité. Jusque-là, demeurez dans mon palais; et avant de partir, vous recevrez la récompense qui vous est due.

PILADE.

Nous obéirons à tes ordres. — (*A Oreste.*) Viens.

ORESTE.

Allons, allons, car désormais je ne puis plus me taire.

CLYTEMNESTRE.

O toi, qui sans aucun transport de joie as raconté ce cruel événement, demeure, je te prie, et dis-moi pourquoi tu n'apportes pas à la malheureuse mère les cendres de son fils chéri renfermées dans une urne modeste? Don funeste et cependant plein de charme, plus qu'à tout autre il appartient à moi.

PILADE.

Pilade mit le feu au bûcher; aucun autre ne fut admis à lui rendre les honneurs funèbres, lui seul recueillit ses cendres qu'il baigna de ses larmes. Il se réserve ce dernier gage, ce triste gage de l'amitié la plus noble, la plus vraie, la plus solide, la plus sainte qui ait jamais existé sur la terre : et qui pourrait le lui ravir ?

ÉGISTE.

Et qui le lui demandera ? qu'il le garde. Un ami si cher à son cœur méritait qu'il fît bien plus pour lui. Je suis étonné que dans son désespoir, il ne se soit pas lui-même généreusement livré aux flammes du bûcher pour être consumé avec la dépouille de son ami : et qu'une seule et même tombe n'ait pas renfermé les restes de ce couple sans pareil.

ORESTE.

O rage ! et je dois me taire ?

PILADE.

Il est vrai, Pilade ne mourut pas de douleur ; mais ce fut sans doute le pieux amour qu'il a pour son père, qui le décida à vivre malgré lui. Souvent il y a plus de courage à vivre qu'à mourir.

ÉGISTE.

Pilade m'abhorre tout autant qu'Oreste m'abhorrait.

PILADE.

Nous sommes les messagers du père : il

désire à présent renouveler avec Argos une amitié solide.

ÉGISTE.

Mais il est le père de Pilade ; il recueillit Oreste comme son propre fils ; il le défendit contre mon courroux, et l'y déroba.

PILADE.

La mort d'Oreste n'apaise-t-elle pas ton courroux ?

CLYTEMNESTRE.

Et quel était le crime d'Oreste ?

ORESTE.

D'être le fils d'Atride.

ÉGISTE.

Qu'oses-tu dire ?

PILADE.

Prince, où le bruit de la vérité ne va-t-il pas retentir ? Toute la Grèce sait combien Atride était ton ennemi ; elle sait qu'il en voulut à tes jours, que tu devais persécuter son fils.

ORESTE.

Elle sait aussi que mille et mille fois, usant de trahison, tu as tenté de le traîner à une mort infâme ; elle sait encore qu'à son seul aspect tu aurais tremblé.

ÉGISTE.

Quoi ? que dis-tu ? qui es-tu ? parle.

ORESTE.

Je suis quelqu'un...

PILADE.

Il est... par pitié! ne te mets pas en courroux, Égiste; il est...

ÉGISTE.

Qui?

ORESTE.

Quelqu'un...

PILADE.

Il est le fils de Strophius, Pilade. Aucun autre motif ne l'amène dans Argos, que le désir de voir les lieux qui furent le berceau de son Oreste. Il vient pleurer son ami avec sa mère. Le roi lui a permis de me suivre, sans se faire connaître, laissant de côté toute pompe royale, il est venu dans une humble barque pour te donner moins de soupçon; son père l'a confié à mes soins. En entendant parler d'Oreste, il n'a pas su garder le silence : maintenant je t'ai tout revelé. Par pitié, ne va pas lui faire un crime des paroles échappées à son inexpérience; ne crois pas qu'un autre motif l'ait amené ici.

CLYTEMNESTRE.

O ciel! lui Pilade? Ah! viens, mon nouveau fils, dis-moi... que je sache au moins...

ÉGISTE.

Reine, tes paroles sont inutiles. Quel qu'il

soit, je ne suis pas accoutumé à souffrir de tels discours. (*à Oreste.*) Mais quoi ! tu fixes sur moi tes yeux enflammés de colère et de fureur ? Puis irrésolu, tu les baisses vers la terre ? Strophius ne vous a pas envoyés à moi,-vous n'êtes pas ses messagers, vous êtes des traîtres. Soldats, vîte, qu'on les charge de fers.

PILADE.

Ah ! écoute-moi. Se pourrait-il qu'un vain soupçon te fit violer le droit des gens ?

ÉGISTE.

Un vain soupçon ? et ne vois-je pas le mensonge et la crainte gravés sur vos visages ?

ORESTE.

La crainte ordinaire au crime est gravée dans ton cœur.

CLYTEMNESTRE.

Dites : la nouvelle pourrait-elle n'être pas vraie ?

PILADE.

Ah ! plût au ciel !

ORESTE.

Trembles-tu, trembles-tu déjà de voir revenir ton fils, et de redevenir mère ?

ÉGISTE.

Quel langage ? quelque affreux mystère

est caché sous ces paroles. Avant que tu subisses ton châtiment...

PILADE.

O ciel ! par pitié ! écoute-moi.

ÉGISTE.

Je saurai la vérité. En attendant, qu'on les traîne dans une horrible prison. Non, il n'y a plus de doute, les scélérats sont les ministres d'Oreste. Qu'on leur prépare les tourmens les plus cruels : je les interrogerai moi-même ; moi-même, je veux savoir leurs desseins. Sortez : dans peu je veux être certain si Oreste est mort ou vivant.

SCÈNE III.

ELECTRE, CLYTEMNESTRE, ÉGISTE.

ÉLECTRE.

On conduit Oreste à la mort ! O ciel ! que vois-je ! ô ma mère, tu laisses traîner ton fils à la mort ?

CLYTEMNESTRE.

Mon fils ?

ÉGISTE.

Oreste ? dans Argos ? en mon pouvoir ? c'est l'un des deux ? Oreste ? ô bonheur ! Gardes...

ACTE IV, SCÈNE III.

CLYTEMNESTRE.

Mon fils!

ÉLECTRE.

Malheureuse! ah! qu'ai-je dit?

ÉGISTE.

Courez, qu'ils reviennent tout de suite en ma présence. Allez, hâtez-vous, volez. O bonheur!

ÉLECTRE.

Je l'ai trahi moi-même!

CLYTEMNESTRE.

Mon fils! ah! cruel, si tu ne m'immoles auparavant, tremble...

ÉGISTE.

Femme perfide, tu introduis, tu caches dans mon palais mon mortel ennemi.

ÉLECTRE.

Il lui était inconnu non moins qu'à toi: cette trahison est mon ouvrage.

ÉGISTE.

Et le châtiment vous sera commun à toutes deux.

CLYTEMNESTRE

Oh! non, arrache-moi la vie, à moi seule, mais épargne mes enfans.

ÉGISTE.

Les détestables restes du sang d'Atride?

Ah ! ma poitrine ne peut plus contenir mon cœur bondissant de joie. Aujourd'hui, d'un seul coup, ils périront tous... Mais je vois déjà revenir les traîtres: les voici. O jour de bonheur !

SCÈNE IV.

ORESTE, PILADE enchaînés, ÉGISTE, CLYTEMNESTRE, ÉLECTRE, SOLDATS.

ÉGISTE.

Je sais tout : dites seulement lequel de vous est Oreste ?

PILADE.

C'est moi.

ORESTE.

Mensonge, je suis Oreste.

CLYTEMNESTRE.

Lequel de vous est mon fils ? dites-le, je lui servirai de bouclier.

ÉGISTE.

Parle, Electre, et garde-toi bien de mentir. Lequel est ton frère ?

ÉLECTRE, *courant vers Pilade.*

C'est lui, c'est lui, il n'est que trop vrai !

PILADE.

C'est moi, oui...

ORESTE.

Ne le crois pas.

PILADE.

C'en est trop. Puisque notre important complot est découvert, un autre ne saurait désormais prendre sur lui mes fureurs.

ORESTE.

Regarde, Égiste, si tu l'oses, regarde la fureur qui étincelle dans mes yeux; regarde et dis que je ne suis pas le fils d'Atride. Crois-en la terreur que ma seule voix fait passer dans ton lâche cœur.

ÉGISTE.

Traître, lâche, oui, tu es Oreste; tu mourras de ma main.

CLYTEMNESTRE.

Égiste, retiens ton glaive, ou plonge-le dans mon sein: tu n'arriveras à eux que par cette voie. O ciel! par pitié, Oreste, fais-toi connaître à moi. (*à Oreste.*) Ah! oui, tu es Oreste.

ORESTE.

Va-t-en, porte ailleurs tes mains sanglantes. Chacun de nous est Oreste, s'il faut mourir; aucun n'est ton fils, s'il faut recevoir les embrassemens d'une telle mère.

CLYTEMNESTRE.

Paroles inhumaines! cependant, non, je ne t'abandonne pas.

ÉGISTE.

Voilà quelle récompense mérite ton amour insensé. Je te reconnais, Oreste, à ta piété filiale. Tes paroles sont bien dignes de toi, de ta race infâme.

PILADE

Celui qui ne naquit pas d'elle, peut-il s'entendre appeler fils par une mère parricide et garder le silence?

ORESTE.

Cessez enfin.

ÉLECTRE, *montrant Oreste.*

Égiste, ne le vois-tu pas? celui-ci est Pilade et il ment pour sauver son ami.

ÉGISTE.

Sauver son ami? Et lequel de vous se sauvera?

ORESTE.

Ah! si je n'avais pas les mains chargées de fers, tu aurais vu, à n'en plus douter, si je suis Oreste; mais puisque de mes mains, je ne puis pas t'arracher le cœur, regarde, voici qui te révèle qui je suis.

PILADE.

Ah! cache ce fer, ô ciel!

ORESTE.

Égiste, vois-tu le poignard que je tenais

caché pour t'immoler? Et toi, reine, le reconnais-tu? Ce fer est celui que ta main impie enfonça en tremblant dans le sein de mon père.

CLYTEMNESTRE.

C'est la voix, le maintien, le courroux d'Atride. Ah! tu es son fils. Si tu ne veux pas que je te serre dans mes bras, tourne ce fer contre mon sein : tu vengeras mieux ton père, en le vengeant sur moi. Tant que je vivrai, il n'est aucune force qui puisse m'arracher de tes côtés. Je veux mourir ou pour ta défense, ou de ta main. O mon fils, je suis encore ta mère; et je t'aime... Par pitié! viens dans mes bras...

ÉGISTE.

Eloigne-toi. Que fais-tu?... Quoi, c'est un fils parricide?... Holà, gardes, ôtez-lui ce fer de la main...

ORESTE.

Je te cède mon glaive à toi que je pourrai encore nommer ma mère : le voici; prends-le : tu sais le manier, plonge-le dans le flanc d'Egiste. Laisse-moi mourir; peu m'importe, pourvu que mon père soit vengé. Je ne te demande pas d'autre preuve de ton amour maternel; allons frappe-le, frappe. Oh! que vois-je? Tu trembles? Tu pâlis, Tu pleures? Le fer te tombe des mains? Tu aimes Egiste?

ORESTE.

Tu l'aimes, et tu es mère d'Oreste? O rage!
Va-t-en que je ne te voie jamais plus.

CLYTEMNESTRE.

Dieux!... Je me sens mourir...

ÉGISTE, *ramassant le poignard tombé aux pieds de Clytemnestre.*

Le voilà, le voilà; c'est à moi seul qu'il appartient, le poignard qui a tué le père, et qui tuera le fils. Je le reconnais bien; je le reçus autrefois teint d'un autre sang, et plus tard je le donnai moi-même à Clytemnestre. — Mais peut-être, jeune héros, ne connais-tu pas tous les coups qu'a frappés ce fer? Atrée, ton infâme aïeul, le plongea dans le sein de mes frères, fils de son frère Thyeste. Et moi, de l'héritage paternel, je n'eus que ce poignard; en lui je plaçai toutes mes espérances; et je n'espérai pas en vain. Tout ce qui reste d'une race abominable, tout est enfin entre mes mains. Je t'ai reconnu Oreste, au désir que j'éprouvais de te donner la mort... Mais quelle mort égalera jamais le festin horrible que servit à mon père, ton cruel aïeul?

CLYTEMNESTRE.

La mort à mon fils? Tu mourras avant lui.

EGISTE.

Tu m'es connue: tremble aussi pour toi,

ACTE IV, SCÈNE IV.

femme, si désormais... Je te défends de t'éloigner de mes côtés.

CLYTEMNESTRE.

C'est en vain...

EGISTE.

Tremble.

ELECTRE.

Par pitié! Egiste, assouvis la soif que tu as de notre sang. Je suis aussi du sang d'Atride, je suis sa fille. Vois, je suis à tes pieds...

ORESTE.

Electre, que fais-tu?

PILADE.

Ce complot fut le mien; je n'avais pas, comme eux, un père à venger; cependant je suis venu pour te tuer : tu peux en toute sûreté, exercer contre moi ta rage. Tu ne peux sans danger pour toi, verser le sang d'Oreste, dans Argos!..

EGISTE.

Pilade, Electre, Oreste, vous mourrez tous, et toi aussi, reine, si tu ne contrains ta fureur.

ORESTE.

Moi, moi seul...! Que te sert-il de traîner à la mort une jeune fille sans défense? Pilade est le fils d'un roi puissant; sa mort pourrait te coûter cher: ne frappe que moi, que moi seul. — O vous tous, la meilleure partie de moi-même, votre sort m'accable de douleur; mon ardeur trop bouillante vous tue. O ciel! je n'ai pas d'autre regret. Mais cependant voir ce misérable, l'entendre et me taire, était chose impossible... Vous avez tout fait pour me sauver, et moi je vous donne la mort.

ÉGISTE.

O bonheur! je puis te faire souffrir une peine plus cruelle que la mort? Eh bien donc qu'Electre d'abord, que Pilade ensuite tombent égorgés sous ses yeux, et qu'à son tour il tombe sur eux.

CLYTEMNESTRE.

Barbare!

ELECTRE.

O ma mère, nous laisseras-tu ainsi périr?

PILADE.

Oreste!

ORESTE.

O ciel!... je pleure. Hélas! oui je pleure sur vous; et toi, femme, si hardie autrefois pour le crime, es-tu si faible aujourd'hui pour le réparer?

CLYTEMNESTRE.

Puissé-je seulement me tirer de ses mains cruelles; ô mon fils!...

ACTE IV, SCÈNE V.

EGISTE.

Perfide, tu ne sortiras pas de mes mains.,..
Je suis enfin las de toutes vos paroles : qu'on
se taise. Que tarde-t-on à les traîner à la
mort? Allez. — Dimante, ta vie me répond
de leur mort.

SCÈNE V.

EGISTE, CLYTEMNESTRE.

EGISTE.

Reine, viens avec moi, viens. — Enfin,
Thyeste, enfin nous goûtons une vengeance
entière, bien que tardive.

FIN DU QUATRIÈME ACTE.

ACTE V.

SCÈNE PREMIÈRE.

EGISTE, soldats.

O trahison inattendue! O rage! Oreste délivré! On verra maintenant...

SCÈNE II.

CLYTEMNESTRE, EGISTE.

CLYTEMNESTRE.

Fuis, Egiste, fuis.

EGISTE.

Ah! misérable! Cours-tu aussi aux armes?

CLYTEMNESTRE.

Je veux te sauver. Par pitié! écoute-moi, je ne suis plus celle...

EGISTE.

Perfide...

CLYTEMNESTRE.

Arrête.

EGISTE.

Perfide, aurais-tu promis de me livrer vivant à ce traître?

ACTE V, SCÈNE II.

CLYTEMNESTRE.

Je jure de te soustraire à ses coups, dussé-je périr. Ah! reste ici, cache-toi dans un lieu sûr; tandis que j'opposerai un rempart à sa fureur.

ÉGISTE.

Le meilleur rempart, ce seront les armes. Va-t-en; laisse-moi. Je cours...

CLYTEMNESTRE.

Hélas! où cours-tu?

EGISTE.

Le tuer.

CLYTEMNESTRE.

C'est à la mort que tu cours. O ciel! Que fais-tu? N'entends-tu pas les clameurs, et les menaces de tout le peuple? Arrête; je ne te quitte pas.

EGISTE.

En vain espères-tu soustraire à la mort ton détestable fils, éloigne-toi, tais-toi, laisse-moi, ou je vais...

CLYTEMNESTRE.

Oui, tue moi, Egiste, si tu ne me crois pas. Entends-tu ce cri: « Oreste! Oreste! » Comme ce nom terrible retentit de tous côtés! Ah! je ne suis plus mère, si tu es en péril; je redeviens cruelle contre mon propre sang.

EGISTE.

Les Argiens, tu le sais, haïssent ta présence ; en te montrant tu redoubleras leur courroux. Mais le bruit s'accroît. Ah! perfide, tu en fus la cause ; pour toi je retardai la vengeance, qui maintenant tourne contre moi.

CLYTEMNESTRE.

Frappe-moi donc.

EGISTE.

Je trouverai mon salut par une autre voie.

CLYTEMNESTRE.

Je te suis.

EGISTE.

Ne cherche pas à me servir de bouclier : laisse-moi, va-t-en ; je ne veux nullement te voir à mes côtés.

SCÈNE III.

CLYTEMNESTRE.

Ils me repoussent tous... O douloureux état! Mon fils ne me reconnaît plus pour sa mère, mon époux ne me reconnaît plus pour son épouse, et cependant je suis encore épouse et mère. Malheureuse! je veux cependant le suivre de loin, et ne pas perdre ses traces.

SCÈNE IV.

ELECTRE, CLYTEMNESTRE.

ELECTRE.

Ma mère, où vas-tu? Rentre dans le palais. Un grand danger...

CLYTEMNESTRE.

Dis-moi, où est Oreste? Que fait-il?

ELECTRE.

Pilade, Oreste, et moi nous sommes tous sauvés. Les satellites d'Egiste, eux-mêmes, ont eu pitié de nous. « Voici Oreste », crie Dimante le premier, et aussitôt le peuple : « Vive Oreste! Périsse Egiste! »

CLYTEMNESTRE.

Qu'entends-je!

ELECTRE.

Ah! ma mère, calme-toi, tu verras bientôt ton fils; et chargé des dépouilles du tyran...

CLYTEMNESTRE.

Ah! Cruelle! laisse-moi, je vole...

ELECTRE.

Non, non, reste; le peuple est furieux et t'appelle à haute voix, femme parricide. Ne te montre pas à présent; tu pourrais courir un trop grand péril : je suis venue pour te le dire. En nous voyant traînés à la mort, tu as témoigné toute la douleur d'une mère ; désormais ta faute est réparée... Mon frère m'envoie vers toi, pour te consoler, pour te secourir et t'épargner un spectacle cruel. Pendant ce temps-là, Pilade et lui, les armes à la main, s'empressent de chercher Egiste de tous les côtés. Où est-il ? le monstre ?

CLYTEMNESTRE.

Le monstre, c'est Oreste.

ELECTRE.

O ciel ! qu'entends-je ?

CLYTEMNESTRE.

Je cours le sauver, ou bien mourir avec lui.

ELECTRE.

Non, ma mère, je ne t'y laisserai pas aller. Les esprits sont furieux...

CLYTEMNESTRE.

Le châtiment m'est dû : j'irai...

ÉLECTRE.

Quoi ma mère, tu veux sauver ce misérable, qui, tout à l'heure, traînait tes enfans à la mort ?

CLYTEMNESTRE.

Oui, je veux le sauver, moi-même. Laisse-moi sortir, je dois suivre ma cruelle destinée. Il est mon époux ; il me coûte trop ; je ne veux pas, je ne puis pas le perdre. Et vous traîtres, qui n'êtes plus mes enfans, je vous abhorre: j'irai le trouver. Laisse moi, perfide! A tout prix j'irai le trouver; ah! pourvu que j'arrive à temps !

ELECTRE.

Va, cours à ta destinée, puisque tu le veux... Mais je l'espère, elle arrivera trop tard... Que ne puis-je armer ma main d'un glaive, pour percer de mille coups le flanc de l'infâme Egiste ! O mère trop aveugle ! Comme ce misérable a fasciné tes yeux !... Mais cependant... je tremble,... Si le peuple en courroux, allait venger sur elle le meurtre de son roi ?.... O ciel ! suivons la.... Mais qui vient ? Pilade !... et mon frère n'est pas avec lui ?

SCÈNE VI.

PILADE, ELECTRE; suite de Pilade.

ELECTRE.

Je t'en supplie, dis moi : où est Oreste?...

PILADE.

Il entoure le palais de soldats : désormais nous sommes sûrs de notre proie. En quel lieu se cache Egiste? l'as tu vu?

ELECTRE.

J'ai vu, et j'ai retenu vainement son épouse insensée : elle s'est échappée par cette porte, en disant qu'elle voulait couvrir Egiste de son corps... Ainsi il était sorti du palais avant que je vinsse.

PILADE.

S'il a osé par hasard se montrer aux Argiens, il est mort à présent : heureux celui qui l'a frappé le premier !... Mais le bruit s'approche toujours croissant....

ELECTRE.

J'entends crier : « Oreste ! » Ah ! peut-être !...

PILADE.

Le voici, il arrive plein de fureur.

SCÈNE VII.

ORESTE, PILADE, ELECTRE; suite d'Oreste, et de Pilade.

ORESTE.

Qu'aucun de vous n'ait l'audace de tuer Egiste ; il n'y a ici que mon glaive qui doive le frapper.... Egiste, holà ! où es-tu lâche ? Egiste, où es-tu ? viens, la voix de la mort t'appelle, où es-tu ?... Tu ne sors pas ? Misérable ! tu te caches ? c'est en vain, les profon-

ACTE V, SCÈNE VII.

deurs même de l'Érèbe ne te seraient pas un asyle. Tu verras, bientôt tu verras, si je suis le fils d'Atride.

ELECTRE.

... Il.... n'est pas ici.

ORESTE.

Perfides, vous l'avez peut-être immolé sans moi ?

PILADE.

Il s'était enfui du palais, avant que j'arrivasse.

ORESTE.

Il se cache dans le palais : je l'en tirerai.... Ici, ici même, je te traînerai par ta belle chevelure : il n'y a, ni prières, ni ciel, ni puissance de l'Averne qui puisse te soustraire à ma fureur. Je te ferai sillonner la poussière jusqu'à la tombe de mon père. Et là, vil ennemi, là, je répandrai jusqu'à la dernière goutte de ton sang adultère.

ELECTRE.

Oreste, ne me crois tu pas ? moi ?...

ORESTE.

Qui es-tu ? C'est Egiste que je demande.

PILADE.

Il fuit !

ORESTE.

Il fuit ? Et vous, lâches, vous restez ici ; je saurai bien le trouver, moi.

SCÈNE VIII.

CLYTEMNESTRE, ELECTRE, PILADE, ORESTE; suite d'Oreste et de Pilade.

CLYTEMNESTRE.
Grace, mon fils.

ORESTE.
Grâce?... De qui suis-je le fils ? Je suis le fils d'Atride.

CLYTEMNESTRE.
Egiste est déjà chargé de chaînes.

ORESTE.
Il respire encore ? O joie ! je cours lui ôter la vie.

CLYTEMNESTRE.
Arrête, moi seul ai tué ton père; tue moi. ... Egiste ne fut pas coupable.

ORESTE.
Qui, qui me prend le bras? Qui me retient ? O rage ! Egiste..., je le vois; il vient, on l'entraîne ici;... retire-toi.

CYTEMNESTRE.
Oreste, ne reconnais-tu pas ta mère?

ORESTE.
Périsse Egiste ! Meure scélérat, meure de la main d'Oreste.

SCÈNE IX.

CLYTEMNESTRE, ELECTRE, PILADE;
suite de Pilade.

CLYTEMNESTRE.

Hélas! il m'a échappé!... tu me tueras auparavant.

SCÈNE X.

ELECTRE, PILADE, suite de Pilade.

ELECTRE.

Pilade, va, cours, retiens-la, vole, ramène-la ici de force.

SCÈNE XI.

ELECTRE.

Je tremble... Elle est toujours ma mère ; je dois en avoir pitié. — Cependant elle voyait tout à l'heure ses enfans tout près de subir une mort infâme, et sa douleur égalait-elle alors, le courage qu'elle montre pour ce misérable? — Mais il est enfin arrivé le jour si ardemment désiré. Tu péris enfin, détestable tyran. — J'entends encore une fois le palais retentir des plaintes et des cris que répétaient ses échos pendant cette horrible nuit qui fut la dernière pour mon père... Déjà Oreste a frappé le coup, le grand coup, Egiste tombe, déjà le tumulte populaire me l'annonce. Voici Oreste qui revient vainqueur, le voici : son fer est tout dégoûtant de sang.

SCÈNE XII.

ELECTRE, ORESTE.

ELECTRE.

Viens, mon frère, viens ; vengeur du roi des rois, d'Argos, d'Electre, viens dans mes bras...

ORESTE.

Ma sœur... tu me vois enfin le digne fils d'Atride. Regarde, c'est le sang d'Egiste, à peine l'ai-je aperçu que j'ai couru le tuer là où il était ; je ne me souvins pas de le traîner à la tombe de mon père. Sept fois j'ai plongé et replongé mon glaive dans son cœur lâche et tremblant : et cependant ma soif n'est pas encore asssouvie.

ELECTRE.

Clytemnestre ne vint donc pas à temps pour te retenir le bras.

ACTE V, SCÈNE XII

ORESTE.

Et qui serait capable de me retenir le bras? Je me précipitai sur lui, aussi rapide que l'éclair. Le lâche pleurait; et ses larmes infâmes augmentaient encore ma fureur. Malheureux père, tu as été assassiné par un homme qui ne sut pas mourir.

ELECTRE.

Maintenant notre père est vengé; calme tes esprits, et dis-moi, tes yeux n'ont-ils pas rencontré Pilade?

ORESTE.

J'ai vu Egiste, je n'ai vu que lui... Où est mon cher Pilade? Et comment ne m'a-t-il pas secondé dans une si grande entreprise?

ELECTRE.

Je lui ai confié tout-à-l'heure notre mère égarée par un désespoir insensé.

ORESTE.

Je n'ai rien appris sur eux.

ELECTRE.

Voici Pilade qui revient... O ciel que vois-je! Il revient seul...

ORESTE.

Il est triste?

SCÈNE XIII ET DERNIERE.
ORESTE, PILADE, ELECTRE.

ORESTE.

Cher Pilade, moitié de moi-même, pourquoi te vois-je triste? Ne sais-tu pas que j'ai tué le misérable? Vois, mon fer dégoutte encore de son sang. Ah! tu n'as point partagé les coups avec moi! Repais donc tes regards de ce spectacle.

PILADE.

O spectacle!..... Oreste, donne-moi ce glaive.

ORESTE.

Pourquoi?

PILADE.

Donne-le moi.

ORESTE.

Le voici.

PILADE.

Ecoute-moi... Il ne nous est plus permis de rester davantage sur cette terre: Viens...

ORESTE.

Mais, quel motif?...

ELECTRE.

Par pitié! parle: où est Clytemnestre?

ORESTE.

Laisse-la: maintenant, peut-être, elle allume le bûcher de son perfide époux.

ACTE V, SCÈNE XIII.

PILADE.

Tu as plus qu'accompli ta vengeance : viens maintenant, n'en demande pas davantage.

ORESTE.

Oh ! que dis-tu ?

ÉLECTRE.

Je te redemande notre mère, Pilade... Oh ! quelle terreur glace mes veines !

PILADE.

Le ciel...

ÉLECTRE.

Ah ! peut-être est-elle morte !

ORESTE.

Dans sa fureur aurait-elle tourné sa main contre elle-même ?

ÉLECTRE.

Pilade, ô ciel ! tu ne réponds pas ?

ORESTE.

Parle ; que lui est-il arrivé ?

PILADE.

Elle a été assassinée.

ORESTE.

Et par quelle main ?

PILADE, *à Oreste.*

Ah ! viens...

ÉLECTRE, *à Oreste.*

Tu l'as tuée ?

ORESTE.

Moi parricide?

PILADE.

Tu as tourné le fer contre elle, sans t'en apercevoir, aveuglé que tu étais par la colère, en te précipitant sur Égiste.

ORESTE.

O quelle horreur s'empare de moi! Moi, parricide? Pilade, donne-moi le glaive, donne-moi le glaive, je le veux.

PILADE.

Non jamais.

ÉLECTRE.

Mon frère...

PILADE.

Malheureux Oreste!

ORESTE.

Qui m'appelle encore son frère? Serait-ce toi, malheureuse, qui m'as conservé une vie destinée au parricide? Rends-moi le glaive, le glaive... O rage! Où suis-je? qu'ai-je fait? qui me retient?... qui me poursuit?... Hélas! où fuir; où fuir?... où me cacher?... O mon père, tu me regardes avec courroux! Tu m'as demandé du sang: en voilà du sang... et c'est pour toi seul que je l'ai versé.

ÉLECTRE.

Oreste, Oreste!... Ah! malheureux frère! il ne nous entend déjà plus; il est hors de

ACTE V, SCÈNE XIII.

lui... Pilade, nous resterons toujours à ses côtés...

PILADE.

O loi cruelle d'un destin affreux autant qu'inévitable !

FIN.

IMPRIMERIE DE CONSTANT-CHANTPIE,
Rue Sainte-Anne, n. 20.

www.ingramcontent.com/pod-product-compliance
Lightning Source LLC
Chambersburg PA
CBHW060631170426
43199CB00012B/1518